중용을 펼쳐 수행을 읽다

中庸

중용을 펼쳐 수행을 읽다

아천 성민 — 지음

중용을 통해 세상과 인간을 성찰하다

운주사

서문

'주변에 무엇을 두고 어떤 것에 애착을 가지느냐에 따라 그 사람의 인물됨을 알 수가 있다'는 말이 있습니다. 즉 삶이란 인연因緣의 연속이고, 소소한 인연의 연기緣起들이 모이고 모여 사람의 성향을 만들고 삶의 방향을 잡아 주는 것이지요. 하여 내가 만나는 사람과 내가 소용所用하는 물건 등 아무리 작은 인연이라 할지라도 그 소중함은 거듭 강조한들 지나치지 않는 것입니다. 그러기에 늘 주위를 둘러 지금 서 있는 내 자리를 단도리하려 애씁니다.

그렇게 지금 속한 자리에서 내 앞에 놓은 것들에 집중하며 매 순간 깨어 있으려, 그침 없이 살아가려 부단히 노력합니다. 더욱이 오래전 멈추었던 글을 다시금 쓰게 되면서 문득 생각해 보니 참으로 묘하고 묘하다는 마음이 절로 듭니다. 진실로 그렇습니다.

다시 글을 쓰게 되는 것을 계기로 제 주변을 지나쳤던 모든 인연들을 거듭 둘러보면서 저의 지나온 발자취를 되돌아볼 수 있었습니다.

돌이켜보면 수행이라는 운명과 같은 인연은 삶의 시작에서부터 놓여 있었던 것은 아닐까 합니다. 한학자이자 유학자이셨던 선친 先親은 평생을 무릎머리에 책을 얹어서 경전 암송을 하셨습니다. 어린 시절 아버지 무릎 밑에 앉아 뜻도 모르는 경구를 들으며 그렇게 낭송소리에 젖어들었습니다. 마치 향을 싼 종이에 향내가 물드는 것과 같이 학學은 그렇게 운명으로 다가왔던 듯합니다.

때로는 숨처럼, 또 때로는 노래처럼 귀로, 마음으로 먼저 익히던 학문은 초등학교를 들어가기 전에 『천자문』을 떼며 시작되었습니다. 특히 유교 경전들 중 『중용中庸』과의 인연은 제 삶을 지금에도 관통해 오고 있었습니다.

바로 삶의 방향타를 바꾸어, 불가에 뜻을 두고 한 걸음을 내디뎠던 그 순간에도 저의 바랑에는 남모르게 가져온 『중용』, 『대학』이 함께 있었던 것입니다. 그렇게 저와 함께 출가 수행자로서의 첫걸음을 떼어주었지요. 어찌 보면 새로운 수행의 발걸음을 오랜 친구와 같은 경전과 함께 할 수 있었으니 큰 축복이 아니겠습니까!

창공의 별이 밝게 빛나던 이역만리異域萬里의 타향에서 홀로 지내던 그러한 시절에도 저의 학문적 고민을 함께 해 주었던 책이 바로 『중용』입니다. 외로운 유학생의 책상을 지켜주며, 수행의 길을 함께 걸어주는 도반道伴이 되어 주었으니 진실로 귀한 인연이 아닐 수 없습니다.

먹물 옷을 입은 사람이 유가의 책을 가지고 있다는 자체만으로 불편한 시선을 보내는 이도 적지 않았습니다. 그러나 대도는 무문(大道無門)이라 하지 않습니까! 『중용』의 참구參究를 통해 큰 뜻(道)은 유가와 불가라 하여 서로 다르지 않음을 알게 해 주었으니 소중한 스승의 인연이 더해졌습니다.

이처럼 『중용』은 도반이자 스승으로 저와 귀한 인연을 나누었습니다. 하여 저의 첫 글쓰기는 수행 중 느꼈던 『중용』과 불가 묘리妙理의 공통점을 일상의 소재를 근거로 하여 쉽게 풀어내 보려 생각하고 있었습니다.

시절인연이 있었던지, 경일암 복원불사의 중임을 맡게 되었지요. 이곳 모락산의 경일암은 세종대왕의 넷째왕자 임영대군(臨瀛大君, 1420~1469)이 창건한 절입니다. 중책을 맡은 무거운 마음과는 달리 더뎌지는 불사에 조급한 마음만 들 뿐 세월만 보내던 중, 어느 날 『중용』이 다시금 제 손과 마음을 잡아 주었습니다.

한 날은 책장을 한 장씩 넘기며 전광석화電光石火 같은 글감이 떠올라 일필휘지一筆揮之로 써지다가도, 어느 날은 연기만 모락모락 피어오를 뿐 불이 붙지 않는 겨울날 눈(雪) 먹은 연통처럼 글이 되지 않아 고생하였습니다.

'음미하기에 알맞은 차를 건네자' 하는 마음으로 글을 쓰고자 하는 바람이 있었습니다. 그러나 마무리에 한숨을 돌리다가 수정과 퇴고를 하며 살펴보니 부족한 필력으로 일방통행의 글이 되어 버린 듯합니다. 참으로 부끄러운 마음이 그지없습니다. 출판에 대한 마음이 머뭇거려지나 유시유종有始有終을 핑계 삼아 책을 마무리하는 용기를 내보려 합니다.

글이 매끄럽지 못한 것은 사실 저의 생각이 성숙되지 못한 것이며 필력이 부족한 탓입니다. 부디 너그러운 마음으로 보아주시길 바라며, '옷깃만 스쳐도 인연'이라는 말처럼 이 책을 통해 사고의 다양성을 견지하고 삶의 여유와 수행을 하는 데에 도움이 되었으면 합니다.

반야사에서 아천 성민 합장

이상과 현실 포용하는 지혜의 보물창고!
꼭 읽고 깨달음 얻어야 할 삶의 반려자!

황종택(일간투데이 주필, 전 세계일보 논설주간)

고전은 인류 역사가 지나온 경험의 축적이다. 생의 희喜·노怒·애哀·락樂을 오롯이 품고 있다. 세월을 뛰어넘어 현대인의 현명한 처세를 위한 교훈이 담겨 있다. 치인치세의 명언·명구가 줄을 잇는다.

특히 오늘날 동양고전의 전통적 지혜는 날이 갈수록 주목받는 대상이 되고 있다. 동양사상의 오랜 역사성과 심오한 깊이에 기인함이다. '세상일을 통찰하는 학문이자 세상의 인정과 세태를 간접 경험'하는 지혜와 방략 등이 녹아 있음은 현대인을 중국 고전으로 끌어당기는 매력이라고 하겠다.

중국의 지혜는 5,000여 년의 중국사에서 춘추전국 시대에 기본 틀이 잡혔다. 이 시기에 공자, 노자, 장자, 맹자, 묵자, 손자, 순자, 한비자 등 기라성 같은 성현들이 나타나 이른바 '백가쟁명百家爭

鳴'의 시대를 이루었다. 그들의 학설이나 주장에는 차이가 있지만, 그것들은 인간이 지니는 사유의 폭과 깊이를 더 넓고 깊게 해 주었을 뿐 아니라 현대인들에게도 교훈과 감동의 지혜를 선물하고 있는 것이다.

흥미로운 점은 대부분의 학파들이 정치에 관심을 가졌다는 사실이다. '치인治人', 곧 사람과의 관계 설정을 통해 자신들의 정치적 주의주장을 펴고 있음이 눈길을 끈다. 안으로는 성인의 덕을 갖추기 위해 인격수양을 하고, 밖으로는 깨우친 도를 방편 삼아 현실적 난제를 타개하는 비전 제시에 힘썼음을 알 수 있다.

특히 공자孔子의 손자인 자사子思의 저작이라 알려진『중용中庸』은 사서四書의 하나로서 동양철학의 중요한 개념을 담고 있다. 여기서 '중中'이란 어느 한 쪽으로 치우치지 않는다는 것, '용庸'이란 평상平常을 뜻한다.

정이程頤는 "치우치지 않는 것을 중이라 하고, 바뀌지 않는 것을 용이라 한다(不偏之謂中 不易之謂庸)."라고 말했다. 곧 중은 공간적으로 양쪽 끝 어느 곳에도 편향하지 않는 것인 데 비해, 용은 시간적으로 언제나 변하지도 바뀌지도 않는 것을 뜻한다.

오늘에 주는 가르침이 적지 않다. 현대에 있어서 객관적 진리만을 추구하고 실천하려는 과학이나, 주관적 진리에만 몰두하는 철학 유파들은 각각 이상과 현실의 결여로 인한 괴리감을 떨쳐버리지 못하고 있다. 『중용』은 바로 이상과 현실을 두루 포용하는 지혜를 담고 있어 21세기 디지털 시대를 사는 현대인들이 꼭 읽고 깨달음을 얻어야 할 보고寶庫이다.

이 방대한 고전 『중용』에서 그 정수를 제대로 뽑아 전하는 게 바로 아천 성민 스님이 쓴 이 책이다. 세상의 어떤 열매도 그 뿌리가 없이는 맺을 수 없는 법이다. 고전도 현대인에게 그러한 뿌리 역할을 한다고 본다. 『중용』은 동양문화를 이해하는 데 도움을 주고 사고력을 증진시킨다. 곁에 두고 삶의 반려자요 지침서로 삼길 바란다.

삶에 녹아 있는 가르침을 음미하며
내 자리를 돌아보길…

김영로(학교법인 대원교육재단 사무국장)

자사子思가 지은 『중용中庸』의 사전적 의미는 "지나치거나 모자라지 아니하고 한쪽으로 치우치지도 아니함, 또는 떳떳하며 변함이 없는 상태나 정도"라고 했다. 마치 성민 스님의 성정과 같다. 스님은 진실로 모자라지도 치우치지도 않는 성품을 지닌 그런 분이시다.

스님과의 인연을 돌아보니 감회가 새롭고 마음의 울림이 참으로 깊다. 평소 모습처럼 온화하신 자태로 사람 대함에 있어서 진솔하시고 솔직하심은 겪어본 사람은 다 아는 일이다. 너무도 침착하심은 말할 나위 없으시지만, 크고 작은 행사를 준비하고 행함에 있어서는 한 치의 오차 없이 완벽하시다. 그 완벽하심이 오히려 단점이라고 해야 할까?

부처님의 가르침을 견지하고, 많은 나날을 수행하시며 불가의 가르침이 유가의 것이 다르지 않음을 일상 중에 느끼셨음은 스님의 큰 그릇을 짐작하게 한다. 그러기에 유교 경전이자 사서四書 중 하나인『중용』을 통해 부처님의 가르침을 설명하실 수 있을 것이다.

바쁜 일상 속 부지불식간에 떠오르는 단상斷想들을 다듬고 정리하여 탈고한 성민 스님의 이 책은 마치 대중에게 전하는 생활의 지침서와 같다는 생각이 든다. 누구나 생활하면서 겪는 찰나를 놓치지 아니하고 글로 남겨 읽는 이의 마음을 돌아보게끔 만드시니 이 얼마나 의미 있는 일이 아니겠는가?

여행 중 옆자리 소녀의 봉숭아꽃 물든 손톱을 보며 '예쁘다'는 칭찬을 건네는 말씀처럼 스님의 글에는 소박함이 묻어 있다. 플라스틱과 합성소재의 무분별한 사용으로 해상쓰레기 문제까지 지적하신 문장에는 자연에 대한 사랑과 인간의 무분별함에 대한 예리한 통찰이 숨어 있다. 또한 요즘 사람들의 일상이라 할 정도로 애용되고 있는 SNS나 앱(application)의 인용들을 읽으면서, 세간의 일상과 멀지 않은 삶, 대중과 함께 살고 계시는구나 하는 친근감을 엿볼 수 있다.

저 멀리 해외의 오지奧地까지 다니시며 수행의 참된 길을 인도해 주시고 실천하면서 써오신 내용들이 참으로 신비롭다. 책장 간간이 인용한 사서四書의『중용』문구들은 흥미를 넘어 인문에 눈

뜨이게 함에 충분하다.

'제1장 본성의 삶'에서 '제33장 삶의 여백'까지 한번 읽기를 시작하니 단번에 끝까지 읽어야 할 정도로 정겨우면서도 시사하는 의미가 깊어, 자신을 돌아보는 계기가 되고 책 속의 주인공이 되는 듯하다. 특히 "무리하게 욕심 내지 아니하고 조금씩만 달라지기를 목표한다면 행하지 못할 것이 무엇이 있겠는가?"나 "실패의 두려움은 우리에게 좌절이나 포기를 안겨준다. 실패와 성공의 희망이 공존하는 미래에 대한 도전들……"과 같은 대목들은 특히 고민과 불안으로 가득한 요즘의 젊은이들과 함께 생활하고 있는 나로서는 참으로 가슴에 와 닿는 문장들이며, 학생들에게 전하고픈 이야기이다.

이야기의 뒤편이 어떻게 흘러갈까 마음을 졸이며 읽지 않아도 된다. 세세한 부분들을 굳이 기억하며 읽지 않아도 되는 그런 글이다. 그렇게 마음 편안한 생활의 에세이인 듯하나, 문장에 스미어 있는 사고의 깊이와 삶의 농도는 매우 짙고 깊다. 마치 음미하고 느끼며 있는 자리를 되돌아보게 만드는, 향이 진한 차를 마시는 것과 같이 내가 살아온 자리를 돌아보고 앞으로 나아갈 방향을 생각하게 하는 듯하다.

옥고를 출판하게 됨이 그리 짧지 않은 시간이었으리라 여겨지지만 성민 스님의 또 다른 보람이 되기에 충분하다고 생각된다.

수 년 전 인연을 중요시하는 성민 스님과의 참된 인연으로 값지고도 소중한 "중용"을 출간하게 됨에 따른 추천서를 쓰려니 기쁨이야 이루 말할 수 없이 크지만, 옥고에 누가 되지 않으려나 하는 적지 않은 걱정도 된다.

저와 귀한 인연을 주시고 그 인연을 한순간도 헛됨 없이 여겨주심에 감사드립니다. 추천사까지 올리게 됨을 성민 스님께 진심으로 감사드리며, 도심에 우뚝한 모락산의 정겨움처럼 늘 함께하기를 소망하며 추천사에 대신합니다. 감사합니다.

中庸
●
제1장

본성本性의 삶이란

삶이란 한 조각 구름이 일어남이요
죽음이란 한 조각 구름이 스러짐이라오
구름은 본시 실체가 없는 것
죽고 살고 오고감이 모두 그와 같으니

서산대사, 해탈시 中

번민 없는 사람이 어디 있겠는가! 마음 안에 차곡차곡 쌓아놓고 쟁여놓았던 속내를, 혹은 불만을 드러내고 말하기 어려웠던 시절이 있었다. 그러나 지금 우리는 불만성토 시대에 살고 있다고 해도 과언이 아니다. 그야말로 '내 얘기 좀 들어줘'의 시대에 살고 있다. 막힌 둑이 헐어져 걷잡을 수 없이 흘러넘치는 물처럼 자기 안의 불만과 생각을 가감 없이 쏟아내는 시대에 살고 있는 것이다.

분노와 답답한 마음을 가라앉히고 자기 마음속 깊이 숨겨두었던 고민들의 내용을 들여다보면, 사실 대부분 남과 관계를 유지하면서 생기는 스스로에 대한 속상함과 불만일 경우가 많다.

"나는 왜 모든 것이 안 될까?", "왜 남의 눈치를 볼까?", "원하는 대로 하지 못하는 내가 싫다." 등의 온갖 고민들을 양 어깨에 가득 짊어진 채 버리지도 못하고 매일을 살아내고 있다.

이렇게 무의식 속에서 생겨난 나에 대한 부정적 생각과 감정은 홍수처럼 흘러넘쳐서 제일 중요한 존재인 나를 휩쓸고 지나가 버린다. 소중한 자신을 무너뜨리고 결국 스스로는 물론 타인, 세상과의 거리를 더욱 멀게 만들고 있다.

이런 일들이 생긴 원인은 무엇일까? 경제, 사회의 변화와 이에 따른 문화, 풍조가 변했다. 말 그대로 세상사가 다 변했는데 마음만 변하지 못해서 생겨난 것이다.

여럿이 함께 살아가던 농경사회에서는 공동체적 생활을 유지하는 것이 중요한 목표였다. 그리하여 혼자만을 생각하는 것이 이기적인 행동이고 잘못된 것이라고 여겼다. 다른 사람과의 관계에서 약간의 손해와 배려를 늘 당연한 것이라고 생각했다. 어떤 경우에는 서운함을 견뎌내지 못하고 토로하는 사람에게 배려가 부족하다는 질타를 보내기도 했다.

그러나 힘들고 어려운 상황이 지나고 나면, 내가 했던 마음고생을 공동체 일원들이 알아주고 보상해 주었다. 그러기에 갈등과 분노 혹은 서운한 마음이 있어도 참는 노력을 했고, 이러한 생각과 행동이 공동체 유지를 위한 당연한 행동에 속했었다.

그렇다면 현재의 삶에도 이런 생각과 행동을 적용하는 것이 맞는 것일까? 공동체 사회가 사라진 지 오래다. 산업화에 이어 신자유주의라는 새로운 사회현상이 만연하고 있는 지금, 우리가 사는 세상은 좇아가기도 어려울 만큼 하루가 다르게 변화하고 있다.

어지러운 세상의 흐름에 발맞추기 위해, 세상에 홀로 뒤쳐지지 않기 위해 사람들은 '좀 더 빠르게'를 외치며 일각을 쉬지 못하고 있다. 몸만 쉬지 못하는 것이 아니다. 남들보다 앞서야 한다는 위기의식에, 자기계발이라는 명목으로 자는 시간을 쪼개가며 끊임없이 변화하려 달려가고 있다. 성공이라는 사회 공동의 성취동기는 사람들을 극성스러운 개인주의로 내몰고 있으며, 주변을 돌아보고 함께 고민을 들어줄 단 일 분의 여유조차 주지 않는다. 그야말로 정신없이 살아가고 있다. 휴식과 위로가 없는 나날의 연속인 셈이다.

그러면서 다른 한편으로는 남들과 다르면 안 된다는 생각에 시류에 끌려가는 상반되는 상황에서 마음은 불안과 불편함으로 고생 중이다. 행동양식은 여전히 공동체적 관습에 매여 있는 것이다.

그런데 공동체 속에서 존재가치의 인정과 소통을 나누던 삶과는 전혀 다른 현재를 살아가는 우리가 과거의 사고방식과 행동양식을 고수하는 것이 과연 맞는 것일까? 어쩌면 제 몸에 맞지 않은 옷을 입고 가면 놀음을 하고 있는 것은 아닐까? 지금 우리에는 필요한 것은 현재를 살아가는 데에 필요한 알맞은 행동과 사고방식, 문화의 전환이다.

그렇다면 어떻게 변화해야 할까? 고민의 첫걸음인 갈등의 원인부터 살펴보면 될 것이다. 내가 지금 겪고 있는 불만과 고민의 시작은 어디에서 왔는가? 내 안의 갈등, 즉 기준점이 나인 생각과 행동을 실현하고 싶은데 타인과의 관계에 얽매여서 하지 못해 생긴 고민병인 것이다. 답답병인 것이다.

그러니 원인을 바꾸면 결과가 바뀌듯이 내가 기준이 되어 생각한 대로 살면 고민병은 말끔히 해소될 수 있다. 즉 타고난 나의 성품을 원칙으로 삼아 행동하라는 뜻이다.

혹자는 이 말을 들으면 이기주의를 떠올린다. 그러나 여기에 언급한 내 기준의 바탕은 사리사욕私利私慾이 아니다. 나의 타고난 본성(氣質)에 기대어 내면에서 우러나오는 사고는 이익에 근거를 둔 이기주의와 엄연히 다르다. 본성本性이라 함은 선악善惡이나 시비是非의 개념이 내포되어 구분된 것이 아니다. 그저 타고난 바, 즉 기질氣質인 것이다.

함께 살아가는 세상에서 혼자만의 생각을 주장하는 것이 선善이라고 말한다면 이기주의자라는 비난을 받을 것이라고 생각할 수 있다. 하지만 그렇지 않다. 자신의 본성이 가리키는 느낌과 판단을 믿고 행동하는 것이 긍정적인 결과를 낳는다. 오히려 다른 사람들의 생각과 시선 때문에 포기하면서 생기는 내 안의 부정적 감정과 분노를 감당하고 조절하기 위해서 소비되는 나의 감정노력이 더 큰 손실이다. 『중용中庸』 첫머리에 보면 도와 본성을 따르는 것에 대해 이야기하고 있다.

天命之謂性 率性之謂道 修道 之謂教
천 명 지 위 성 솔 성 지 위 도 수 도 지 위 교

이 세상의 원리가 곧 나의 본성이고
본성을 따르는 것이 도이며
도를 잘 연마하는 것이 바로 공부이다.

『중용中庸』 제1장 中

사실 도道는 하나이기에 나의 본성과 세상의 이치가 다르지 않다. 그렇기에 도에 맞는 삶을 살아가기 위해 본성을 가리지 않고 이를 따르는 것이 바로 도리에 맞는 삶인 것이다. 본성을 중시하는 것이야말로 천리天理에 순응하는 삶이라고 볼 수 있다. 다만 본성을 따르는 삶을 사는 데 있어서 주의해야 할 것은 반드시 도를 잘 연마하는 것을 게을리 해서는 안 된다는 것이다. 연마되지 않은 자신의 생각이 본성의 발현이라고 자칫 착각하여 행동하는 것의 위험성을 이야기하는 것이다.

불교에서는 이에 대해 다음과 같이 이야기할 수 있다. 본래 진면목을 갖고 있는 나(我)로서 본성을 견지하고 그에 의지하면 바른 삶을 살아갈 것이다.

그러나 인연과 업에 의해 몸에 배어진 오랜 습習과 근본적인 욕

망에 치우쳐 그릇된 생각과 삿된 판단으로 잘못 생각하고 행동하게 된다. 그 결과 타고난 자성으로부터 멀어지게 되는 것이다. 이를 바꾸기 위하여 성심을 다하여 쉬지 않고 수행함으로써 자성을 견지하는 삶을 살아갈 수 있는 것이다.

더 나아가 현실에서의 삶이 다름에 대한 타인의 걱정과 비난, 혹은 비웃음에 대한 감정소비를 과감히 떨쳐버리면 또 다른 도전의 세상이 열릴 것이고, 내 본성대로 살아가는 첫걸음이 될 것이다. 본성대로 살아가는 자신을 대면할 때 자기 결정권이 갖는 행복감을 맛볼 것이다.

본성(性)을 바탕으로 생각하고 행동하며 그 결과를 겸허히 수용하는 연습을 해야 한다. 또한 지금 나의 생각과 행동이 과연 본성에 맞는 것인지에 대하여 늘 철저히 자기를 점검하여야 한다. 이것이 수행이 아니고 무엇이겠는가!

수행은 멀리 있는 것이 아니다. 일상에서 작은 한 생각들을 실천하는 것이 바로 수행인 것이다. 돌이켜 참회하고 생각하며 정확하고 알맞은 표현을 연마하는 노력을 게을리 하지 말자.

못 해본 일과 못 가본 길로 인해 우리는 늘 아쉬워한다. 그러기에 본성대로 사는 연습을 하면 과거와 현재, 내 삶에 대한 아쉬움이 더 이상은 없을 것이다. 또한 수행의 경험치가 쌓여 내 삶의 지혜를 이룰 것이다.

고였던 물이 한 방울씩 움직여 시냇물을 만나 강으로 스며들어 흘러가면 어느새 큰 바다에 도달해 있는 것처럼 관습과 문화, 타인의 시선에 갇혔던 삶을 본성대로 사는 삶으로 한 걸음씩 내딛는 수행을 하다 보면 어느새 큰 도에 이를 수 있지 않을까 한다.

中庸
●
제2장

안녕安寧하십니까?

내가 그의 이름을 불러 준 것처럼

나의 이 빛깔과 향기에 알맞은

누가 나의 이름을 불러다오

그에게로 가서 나도

그의 꽃이 되고 싶다.

시詩·김춘수, 꽃 中

불과 2~30년 전만 해도 새로운 소식을 전달하는 가장 빠른 길은 방송이나 언론사가 독점하여 전달하던 뉴스가 전부였다. 그러나 사람들의 알고자 하는 욕구와 창조적 상상력에 기반을 둔 과학기술의 눈부신 발전은 언론의 뉴스 보도 독점기능을 무너뜨렸다. 지구의 모든 사람 한 명 한 명이 일인 미디어가 되어 다양한 소식들을 전달하고 있는 형편이다.

인터넷이라는 편리한 도구는 우리에게 짧은 시간 안에 지구라는 공간에 존재하는 모든 세계의 정치, 경제, 사회, 문화 등 다양한 방면의 뉴스와 경향들을 손쉽게 들을 수 있게 해 준다. 굳이 거추장스러운 도구를 사용하지 않고 간단한 스마트폰을 이용해서 불과 한 시간 전에 지구 반대편에서 일어난 사건을 접하게 된다.

그뿐만 아니다. 새롭게 개발되는 다양한 종류의 소셜 앱은 우리나라라는 한정된 공간에서 벗어나 다양한 환경과 문화를 가진 세계인을 만나게 해 준다. 그로 인해 나는 세계인들과 생각의 공통점과 차이점, 새로운 문화와 관습을 손쉽게 접할 수 있다. 나의 생각 폭을 넓힐 수 있는 새로운 문화수단인 것이다. 실로 놀라운 세상이며, 흥미진진한 일이 아닐 수 없다.

우리가 인터넷 매체나 SNS에서 새롭게 접할 수 있는 다양한 콘텐츠를 보면 지식, 정보, 새로운 소식이나 유행, 혹은 지극히 간단한 취미 등과 같은 신변잡기에 이르기까지 종류가 다양하다.

그런데 무언가 빠졌다고 느껴지는 것은 나만의 허전함인가? 소소한 일상을 공유하는 그들과의 수많은 이야기들을 들여다보고 있으면서도 상대방의 마음(心)이 빠져 있다는 생각을 지우기 어렵다.

내가 접하고 공유하는 보통의 소식들을 곰곰이 읽다 보면 알 수 있다. 평범한 일상들로 보인다. 그러나 사실 일방통행의 정보나 사실들만 현란한 컴퓨터 솜씨에 의해 나열될 뿐이다. '보여 주기'의 현주소라 하여도 무방할 정도이다.

사실 나열의 정보에 댓글이 줄줄이 달린다. '좋아요'도 '싫어요'도 모두 사고의 과정을 거치지 않은 일차원이다. 대상에 대한 공감이나 이해의 글은 드물다. 어떤 경우는 원색적이며 공격적인 댓

글이 끝을 모르고 올라온다. 공감의 감언이설甘言利說이나 미사여구美辭麗句는 바라지 않더라도 일차원적인 표현들, 즉 공격적이고 저속한 댓글이라도 없다면 다행일 것 같다.

이런 글들을 읽으면서 불편한 감정은 느끼는 것이 비단 나뿐이겠는가! 저속한 댓글은 글을 쓰는 사람들의 성향이 궁금해지게 한다. 글은 사람의 마음을 대변한다 하는데, 악플을 다는 그들은 실로 반항적이고 공격적인 사람들일까? 아니다. 악플을 다는 이들의 직업군과 학력, 생활수준 등을 조사해본 결과 그들은 보통의 상식을 갖고 자신의 삶을 열심히 살아가고 있는 선량한 우리의 이웃이다. 그런데 왜 상식과 양심을 숨기거나 가리고, 혹은 저급한 댓글과 공격적인 언사를 쉽게 표현하게 만드는 것일까? 이유를 고민해보지 않을 수 없다.

불과 몇 해 전만 해도 우리는 일상의 주변인들과는 당연하게, 또 PC통신이라는 가상의 현실에서 만난 이에게조차 수줍게 '안녕', '방가' 등의 인사를 건네며 예의를 차리고 마음을, 혹은 인사를 나누었다. 익명을 전제로 하는 잠깐의 대화이지만 안부를 묻는 일상의 시작이 소통의 처음이었기에 어렵지 않게 상대방과의 심적 거리를 좁힐 수 있었다. 이렇게 상식적인 시작은 신뢰를 쌓게 하였고 또 새로운 인연을 만들기도 했었다.

그러나 현재의 상황은 완전히 변했다. 인사도 안부도 없다. 프로그램이 알아서 '○○님이 입장하셨습니다.'를 알려준다. 나를 밝히지도 묻지도 않는 불문율은 더욱 공고해져 있다. 현실의 나조차도 가상의 공간에서는 완벽한 익명의 타인이 되는 것이다. 상대도 나도 익명이니 무엇을 요구하지도 바라지도 않는다. 그런 상황들이 쌓여 나도 상대방도 최소한의 예의를 갖추지 않는다.

이런 성향을 반영하듯 단도직입의 일방적 글쓰기로 모든 대화가 도배되어 있다. 배려와 공감, 이해의 감정 따위는 필요 없다. 생각을 거칠 필요 없이 떠오르는 모든 것이 글로 옮겨진다. 욕설과 비아냥 같은 공격적이고 저속한 말과 글들이 난무하는 것이다. 숨은그림찾기 같이 최소한의 예의를 찾기가 어려워졌다. 당연히 비난의 표적이 된 당사자는 일차원적 감정 표현에 대해 감정의 폭주로 대응하게 된다.

이런 감정의 폭주는 가상공간에서만 그치는 것이 아니다. 가상과 현실의 구분을 모호하게 처리하는 순간, 삶의 현장에서 혼란의 사건들이 발생하게 되는 것이다.

예를 들어 온라인 게임 중에 '못 한다'는 욕설과 비난을 받은 당사자가 그 감정 처리를 현실의 폭력으로 연결시키는 경우이다. 혹은 '욕설'을 하거나, 아니면 단순히 '기분이 나쁘다'는 이유로 일면식도 없는 사람에게 무차별적 폭행을 가한다. 가상공간에서의 비난이 글과 감정의 악순환을 이끌어내 현실의 '마른하늘에 날벼락'

같은 폭력사건을 만든 셈이다.

걱정스러운 일은 현실과 가상의 구별을 뚜렷하게 하지 못하는 경우와 사람들이 점점 늘어나고 있으며, 상식에서 벗어난 생각과 행동들이 확장되어 나타나고 있다는 점이다. 사고의 혼란이 비일비재해진다는 것이다. 더 이상 특별한 뉴스거리가 아닌 일상의 한 부분으로 자리 잡아가고 있는 것이다. 상대방에 대한 기분이나 상황 등은 생각하지 않고 오로지 입에서 바로 내뱉는 말이나 손끝에서 만들어지는 글로 인해 결국 '묻지마 폭행'이 불시에 일어나고 마는 불안한 세상이 되어가고 있는 것이다.

우리가 생각이나 공감 혹은 배려를 하지 못하게 된 원인은 무엇일까? 왜 우리는 평안을 묻지 못하게 된 것일까? 그 해답을 찾기 위해 우리는 먼저 '안녕安寧'에 대해 생각해 봐야 할 것이다.

'안녕하다'는 말은 아무 탈 없이 편안하다, 혹은 몸이 건강하고 마음이 편안하다는 뜻을 가진다. 즉 몸과 마음이 건강하여 아무 탈이 없는 상태를 말하는 것이다. "안녕하세요!" 하고 인사를 나누는 것은 결국 "당신의 몸과 마음은 건강하여 아무 탈이 없습니까?"라는 물음을 통해 상대방에게 가장 근본적이면서 상식적인 배려의 행동을 하고 있는 것이다.

지금, 당신의 안녕을 묻는 사람이 얼마나 있을까? 어쩌면 우리는 안부부재의 시대에 살고 있는 것이다. 결국 서로의 안녕에 관심 없는 모두의 몸과 마음이 건강하지 못하여서 탈이 난 상태인 것이다.

앞선 일제 강점기나 한국전쟁기, 군사독재 시절을 살아간 세대에서는 보다 엄혹한 고난과 역경이 있었음에도 오히려 더 살뜰히 서로의 안녕을 물어보고는 했다. 이해한다는 말을 할 수 없을 만큼 극심한 가난과 고난을 그들은 겪었다. 전쟁의 아픔과 공포, 불안에 평생을 시달렸었다. 그래도 서로간의 배려와 상식, 원칙이 존재했기에 어쩌면 사는 것이 더 힘들었을 고통의 시간들을 서로 기대면서 살아갈 수 있었던 것이다.

그러나 지금은 어떠한가? 그때만큼 서로의 안녕에 대해 관심과 배려를 베풀고 있을까? 고개를 가로저을 수밖에 없다. 안타까운 현실이지만 우리는 그런 사회에 살고 있지 않다.

그렇다면 지금 현실에 적응해 살아갈 것인가? 계속 불안사회에 살아갈 것인가? 아니다. 서로의 안부를 묻고 불안을 떨쳐버릴 수 있는 사회에서 살고자 하는 것은 모두의 바람일 것이다. 조금만 변화하면 가까운 미래에, 혹은 다음 세대에서는 '안녕'한 사회가 될 수 있다. 그러기 위해서 우리는 먼저 무엇을 해야 할까?

'안녕'이 시작점이 되면 어떨까? 익명을 고집하지 않는 것, 서로의 존재를 공감하고 이해를 공유하는 것, 이것이 바로 예의의 첫 걸음이고 순리대로 사는 것이다. 힘들고 어려운 수행을 통해서만 본성 찾기가 가능한 것은 아니다. 나를 밝히는 것이 바로 큰 도道를 아는 것이요, 도를 따르는 것이다.

이때 나를 밝힌다 하여 제 마음이 이끄는 대로 행동하는 것을 본성의 실천이라 착각하는 것에 주의해야 한다. 스스로를 밝히고 제 뜻하는 바대로 말하고 행동하는 것은 사실 본성 혹은 도를 따르는 것이 아니다. 그건 닦아지지 않은 욕심과 편견에 젖어 잘못된 생각을 본성으로 착각하며 이기적으로 행동하는 것이다. 이는 마치 탐·진·치 삼독으로 인해 잘못된 생각과 행동들을 하면서도 본성에 의해 이루어진 행동이라 착각하며, 그릇된 행동임을 자각하지 못하는 것과 같다. 하여 정견正見과 정업正業 등 팔정도八正道의 실천을 통해 깨달음을 얻은 자의 행동만이 모든 행동이 순리에 맞는다고 할 수 있다. 이에 대해 『중용』에서는 다음과 같이 말하고 있다.

仲尼曰
중 니 왈

君子中庸小人反中庸　君子之中庸也
군 자 중 용 소 인 반 중 용　군 자 지 중 용 야

君子而時中　小人之中庸也　小人而無忌憚也.
군 자 이 시 중　소 인 지 중 용 야　소 인 이 무 기 탄 야

공자께서 말씀하셨다.

군자는 중용을 행하고 소인은 중용에 반하는 행동을 한다.
군자가 중용을 행하는 것은 군자로서 때에 적절하게 행동하는
것이고
소인이 중용이랍시고 하는 일은 소인답게 아무 거리낌 없이
어영부영하는 것이다.

『중용中庸』제2장 中

큰 도道라는 근본원리에 기반을 둔 모든 행동들은 본성의 실천
이고 '중용中庸'의 행이다. 이를 잘 알아 본성을 아전인수我田引水
격으로 해석하여 '마음대로' 행동하는 것을 지양하여야 한다.

도의 원칙에 맞게 생각하고 행동하는 습관을 갖는 것이 바로 순
리에 맞는 삶일 것이고 '안녕'한 사회로 들어설 수 있는 첫걸음일
것이다. 이에 한 가지 첨언을 하자면, 원칙을 고수하는 한편, 변화
하는 시류에 융통성 있게 적용하는 것도 도의 운용의 묘미일 것
이다.

『중용』의 시중時中이란 어쩌면 도라는 원칙을 고집하지 않는
것, 즉 본성인 도를 모든 행동의 근원에 두되, 활용에 있어서 변화
를 꾀함으로써 시류를 선도해 나가는 것, 즉 운용의 묘미를 갖는
융통성을 의미하는 것은 아닐까 한다.

본성과 시중의 적절한 활용의 묘미가 생길 때 뿌리가 튼튼한 사

회, 즉 '안녕'을 중심으로 소통과 공감, 이해와 안전의 사회가 되는 것은 물론, 역동성을 갖춘 변화의 사회, 발전의 전환점을 가진 사회가 될 수 있을 것이다.

봉숭아 꽃물에서 습習을 보다

천 갈래 욕망이 그늘 지우는

환희의 골짜기를 통해서 무안을 당한 세월이

강으로 흐르는 그날부터

손을, 땅을 보는 버릇이 생겼나 보다.

대개는 다섯으로도 남는 손가락.

손을 펴고 오무릴 때마다

꽃은 수없이 피었다 졌다….

창문은 수없이 닫쳐선 열렸다.

시 · 고원, 「손」

기차여행을 할 때의 일이다. 옆자리에 앉은 소녀의 손톱이 봉숭아 빛 고운 빛깔로 물들어 있었다. 여름이면 봉숭아꽃으로 물들이는 풍습이 떠올라 흐뭇한 마음이 들었다. 가는 길에 그 소녀와 신변 잡담을 주고받던 중 손톱이 곱다고 얘기해 주니, 크게 웃으며 엄마가 놀이 삼아, 치료 삼아 봉숭아 꽃물을 들여 주었단다. '치료 삼아'라는 말에 호기심이 생겨 그 이유를 물으니 대답 또한 재미있었다.

소녀에게는 어릴 적부터 손톱이 자라날 틈을 주지 않을 정도로

심하게 손톱을 물어뜯는 버릇이 있었는데, 성장하여도 그 버릇이 영 고쳐지지 않더란다. 어릴 적에는 손톱에 쓰디쓴 약도 발라보고 손톱을 바짝 깎아보는 방법도 써보았지만 영 나아지지 않았고, 이제는 다 큰 숙녀의 손톱을 어찌할 수 없어 걱정이 더하다고 한다. 차라리 손톱을 단장하자는 역발상을 내어 치료 방편으로 봉숭아 꽃물을 들여 주었다는 것이다. 얼마나 심했으면 저런 방법을 썼을까 싶은 생각이 들다가 '묘안이 아닐 수 없다'고 감탄했었다.

사람은 자라며 저마다 몸에 물든 습관이나 버릇이 있다. 어떤 이는 공부를 하기 전에 꼭 책상을 말끔히 정리해야 하고, 또 다른 이는 습관적으로 수건을 네 귀퉁이를 꼭 맞추어 걸거나, 치약을 끝부터 쓰는 버릇이 있는 사람도 있다. '세 살 버릇 여든 간다'는 말처럼 다양한 습관들은 제 주인의 몸에 붙어 평생을 따라 다닌다.

내 몸에 배어 있는 습관이 바른 것이라면 그지없이 좋지만, 대개는 고치고 싶거나 혹은 버리고 싶은 것들이다. 그런데 고치고 싶은 습관들은 제아무리 노력을 해도 고쳐지지 않고 오히려 나를 더 괴롭힌다. 왜 그렇게 어려운 것일까?

습관은 습쩝과 관慣이라는 낱낱의 한자가 합쳐진 말이다. 습쩝은 '익히다'의 뜻으로 삶의 환경이나 생활, 의식에서 비롯되어 부지불식간에 내 생각과 판단, 행동의 일부로 젖어들어 내 욕망과 의식에 영향을 미친다. 관慣 또한 '버릇'이라는 의미로서 '관성慣

性'의 의미가 강하다. 이는 마치 한 번 '구르다'라는 동작을 한 자동차 바퀴가 일정 속도가 지나면 제어장치를 통하지 않고서는 갑자기 멈추는 것은 불가능한 것과 같다. 마찬가지로 한 번 했던 '관성적' 행동이 몸에 붙으면 제어나 저항력 혹은 반발적 조건이 나타나도 갑자기 멈추거나 바뀌는 것은 불가능하다.

그러기에 의식적으로 행해진 행동들은 버릇이 아니나, 어느 순간 저절로 행해지는 것들은 이미 관성이 붙어 제어장치 없이는 멈출 수 없는 것이 된다. 버릇이 되어 버린 것이다.

알다시피 불가에서는 윤회의 생을 통해 습習은 연결되어 있고 현생의 건강과 삶, 행동에 지대한 영향을 미치므로 당장에 좋은 공덕과 수행을 실천하며 쌓기를 권한다.

처음부터 좋은 습관을 들이면 금상첨화겠지만, 우리네 삶은 늘 반대여서 고치고 싶은 버릇들을 두고 스스로와 싸움을 한다. 나쁜 습관의 주체인 나를 끝없이 괴롭힌다.

내게 좋은 습관은 왜 처음부터 생기지 않을까? 왜 바른 행동들은 습관이 되기 어려운 것일까? 그 이유는, 머리로는 바르고 좋은 행동을 하는 것이 옳다는 것임을 안다. 그러나 우리는 실천하기 어려운 것은 하기 싫어하는 무의식적 거부의 습성을 가지고 있다. 하여 어렵고 까다로운 좋은 습관일수록 내 것으로 만들기 어렵다. 또한 윤회의 시선으로 보자면, 세세世世에 쌓여 있던 과거의 습을

현세의 정신이 통제하지 못하여 몸이 말하고 행하는 것이 구습舊
쩝을 답습하게 되는 데 원인이 있다. 그렇다고 이에 선습善쩝을 만
드는 마음을 포기할 수는 없지 않은가?

우리는 부지런함, 정직, 성실, 기부, 선행 등의 행동들이 좋다는
것은 누구나 다 알고 있다. 그러나 그런 행동들은 희생이나 용기
혹은 현상에서의 손해라는 부담이 함께 온다. 또한 우리는 희생이
나 어려움을 겪고 싶지 않다. 그저 '누워서 떡 먹고' 싶어 할 만큼
무위도식을 기대한다. 누군가의 덕을 보며 부귀영화를 누리면서
도 힘들게 고생하고 싶지 않고, 아프고 싶지 않은 것이다. 그야말
로 사고四苦 팔고八苦에서 벗어나고는 싶지만 수행하는 노력은 피
하자는 것이다. 그래서 좋은 습관은 우리네에게는 어렵고 먼 남의
이야기인 것이다. 이러한 습성에 대해 『중용』에서는 이렇게 이야
기하고 있다.

子曰　中庸　其至矣乎　民鮮能久矣.
자 왈　중 용　기 지 의 호　민 선 능 구 의

공자께서 말씀하셨다.
"중용은 지극이 좋은 것이다. 그러나 사람들 중에 오랫동안 지
속할 수 있는 이가 드물구나!"

『중용中庸』제3장 中

좋은 행동, 좋은 습관인 줄 알지만 필부들은 업業과 연緣에 의해 몸에 익히고 꾸준히 실행하기 어렵다. 어렵고 힘들다 해서, 혹은 본질적으로 이기적인 성향이라고 치부해 버리면서 좋은 습관 들이기(선근 쌓기)를 아주 포기하며 살아야 하는 것인가? 아니다. 정도正道를 위해 자기를 희생하는 미담이 면면히 계속 전해지는 것과 같이 사람은 늘 선善을 지향한다. 그렇기에 인류의 미래는 희망적인 것이다. 지금을 살아가는 우리의 삶도 선을 지향하여 개선 발전해 나아가야 한다. 하여 좋은 습관을 들이기 위해 실패의 경험을 거울 삼아 다양한 시도를 하여야 한다.

예를 들면 연례행사처럼 치러지는 새해맞이 목표 세우기가 그러하다. 목표를 세우고 과학적 근거를 동원해서 실천 방법을 체계적으로 기록한다. 실패를 피하기 위해 과감하게 경비를 지출하기도 한다. 과감한 투자와 체계적인 설계에도 불구하고 성과는 늘 미비하여 올해의 목표가 내년의 목표와 별반 다르지 않다. 다행히도 연속된 좌절 속에도 계속 바꾸려는 시도를 멈추지 않는다. 그러나 이제는 시도에 지쳐 시들어진 의지에 다시 열정을 쏟아줄 방법을 고민해 봐야 할 필요가 있다.

몸에 배인 습관을 효과적으로 고치는 방법이 없을까? 우리들이 사용하는 다양한 방법들은 사실 지극히 의도적인 변화이다. 고치고 싶고 버리고 싶은 습관들일수록 마음먹은 대로 안 된다. 이는 원래 즐거움에 반하는 행동들이기에 뇌가 거부하는 것이다. 그러기에 늘 내적 갈등이 폭발하고, 성공에의 고비가 발생하며, 내게 좌절을 안겨준다. 합리적이나 의도적인 변화 방법은 힘든 과정을 겪음에도 불구하고 효과가 미비하다. 다른 방법이 필요하다.

습관을 고치려는 마음을 객관화하여 '착하다'며 다독이고 위로해 보자. 또한 순리에 거스르지 않는 방향으로 접근하는 근원적 고침을 찾아내야 하는 것이다. 앞서 손톱을 물어뜯는 습관을 바꾼 학생처럼, 나쁜 행동을 혼내지 않는 대신, 예쁘거나 좋아하는 대체 행위를 찾아내는 방향전환으로 습관을 바꾸는 것이다.

혹은 뇌의 판단에 앞서 몸이 먼저 행동하도록 길들여 놓는 것도 하나의 좋은 방법이다. 예를 들어 수식數息을 하며 호흡을 하거나, 일정한 곳에 생각을 묶어놓아 잡념이 일어나지 않도록 방지하는 지관止觀과 같은 방법이 하나의 예가 될 수 있을 것이다. 개념이 내포되지 않은 수數에 의지하며 무의식에서 일어나는 행동을 제어하는 것이다. 이렇게 단순한 방법을 실천하는 것만으로도 좋은 습관을 들이기 쉽다.

다만 주의할 점은 마음과 감정을 다스리는 것이다. 즉 완벽주의와 조바심을 경계해야 한다. 처음부터 실천이 어려운 높은 목표를 갖지 않아야 한다는 것과 기본과 융통성의 적절한 조화를 통해 조금씩 꾸준히 변화를 이루어 가도록 마음의 중심을 잡는 일이다.

108배를 꾸준히 하는 습관을 갖고자 하는 목표를 세우는 예를 들어 보자. 보통은 절을 하기 위해 편리한 시간과 장소를 정하고 자신의 건강 상태를 체크할 것이다. 그런데 숫자에 얽매여 무릎이 아픈 환자가 처음부터 108배를 하겠다고 목표를 세우는 것은 어렵고 힘든 일이다. 자기 상태에 맞게 마음의 여유를 갖고 조금씩 서서히 절의 양을 늘려가야 한다. 이를 몸에 배일 때까지 하루, 일주일, 열흘, 백일, 천일 등 단계별 실천 기간을 두고 정진한다면 반드시 절을 하는 수행의 습관이 몸에 밸 것이다.

조급함이나 완벽함에 얽매이지 않고 장애가 있을 때 그를 인정하고 목표를 적절히 조정하며 정진하는 것, 그리고 늘 다시 할 수 있다고 스스로를 응원하는 것이 바로 좋은 습관을 가질 수 있는 최고의 미덕이 아닐까? 그래서 우리네 불가에서는 불식不息이라 하여, 쉬지 않고 꾸준히 하는 것을 원력이라 했다. 그렇게 한 걸음씩 걷다 보면 어느새 좋은 습관이라는 천 리(목표)에 다다르지 않을까? 지금 당장을 꾸준히 살아가는 한 걸음에 마음을 다하다 보면 하루가 충실해질 것이요, 현재의 내 삶이 풍요로워질 것이다.

中庸

제4장

진짜 경험은 미뤄두고

寒松孤店裡　　高臥別區人
한 송 고 점 리　　고 와 별 구 인

近峽雲同樂　　臨溪鳥與隣
근 협 운 동 락　　임 계 조 여 린

錙銖寧荒志　　時酒自娛身
치 수 영 황 지　　시 주 자 오 신

得月卽帶憶　　悠悠甘夢頻
득 월 즉 대 억　　유 유 감 몽 빈

겨울 소나무 외로운 주막에

한가롭게 누웠으니 별세상 사람일세

산골짝 가까이 구름과 같이 노닐고

개울가에서 산새와 이웃하네

하찮은 세상 일로 어찌 내 뜻을 거칠게 하랴

시와 술로써 내 몸을 즐겁게 하리라

달이 뜨면 옛 생각도 하며

유유히 달콤한 꿈꾸리라!

시 · 김삿갓, 자영自詠

멀게는 해외여행이 자유화가 된 시점부터였겠지만, 가까이로는
토요근무가 직장에서 서서히 사라지면서부터 여가시간 활용과 취

미의 스펙트럼이 다양해졌다. 특히 조금 바지런을 떨면 금요일부터 일요일까지 금쪽같은 시간을 내어 재충전의 시간이나 새로운 세상을 경험할 수 있게 되면서 여행이 일반화된 것이 어쩌면 가장 두드러진 변화가 아닐까 한다.

　TV를 틀면 연령과 시간에 제한을 두지 않고 갈 수 있는 온갖 여행을 소개하는 프로그램이 우수수 쏟아진다. 초기의 여행 프로그램은 단순히 새로운 여행지를 소개한 데에 그쳤다면, 지금은 현지의 다양한 분야 혹은 생활을 경험하는 체험 여행으로 진화하고 있다. 즉 단순히 관광지를 구경하거나 현지의 맛을 찾아 떠나는 식도락 여행만이 아니라, 현지인의 일상을 공유하는 일상체험 여행이나 신앙의 기원을 찾아 떠나는 종교 여행, 아름다운 예술품을 감상하는 예술 여행, 여행지와 관련한 지식을 전달해 주는 새로운 구성의 인문학 여행까지 그 베리에이션이 몹시 다양하다.

　이러한 프로그램을 접하다 보면, 여행지에 대한 정보뿐만이 아니라 음식, 종교, 예술, 건축, 역사 등의 다양한 인문적 지식까지 얻을 수 있어 일거양득의 프로그램이 아닌가 하는 생각이 들어 나도 모르게 시간 가는 줄 모르며 시청하게 된다.

　호기심을 가득 안고 프로그램에 빠져들다 보면 그야말로 간단히 TV를 시청하는 것으로 여러 분야에서 폭포수처럼 쏟아지는 정보를 온몸으로 맞게 된다. 어느새 내가 그 분야의 전문가가 된 듯한 생각이 든다. 프로그램에서도 마치 시청을 하는 것만으로도 직접 체험하고 익혀 지식인이나 혹은 전문가가 될 수 있을 것처럼 방송하고 있다.

가보지도 않은 맛집에 대해 마치 내가 직접 맛보고 경험해본 듯 논평을 하고 있는 스스로를 발견하게 된다. 직접 보지 못한 예술작품에 대한 지식 정보를 술술 설명하고 있는 나를 알아채게 된다.

그런데 과연 저런 프로그램을 시청한다고 해서 혀끝에 닿는 오묘한 그 맛을 내가 진짜로 알게 되는 것일까? 성지순례 프로그램을 시청한다 해서 내게 의지자에 대한 경건한 자세와 신실한 믿음이 생기는 것일까? 예술작품들을 생생하게 느끼고 음미하며 감상할 수 있는 안목이 일순간에 주어지는 것일까? 사실은 관심과 함께 약간의 이해가 생길 뿐, 당연히 그렇지 않다. 그런데도 우리는 프로그램을 통해 익힌 지식을 내 것인 양 말하면서 경험과 지식을 직접 익히려 하지 않는다. 왜 그런 것인가?

현실의 우리들은 작은 짬조차 만들 수 없을 만큼 일상이 바쁘다는 이유 혹은 핑계를 대며 '진짜 경험'을 미루고 있다. 업무적으로 혹은 경제적으로 부담된다고 재단裁斷하며 내 앞의 일을 멈추고 일어나 실천할 용기를 내지 않는다. 부러워만 할 뿐 직접 실천하지 않는 게으름을 피우는 것이다.

그리하여 진정한 맛과 멋, 지식을 가질 수 있는 다양한 삶의 경험을 미룬 채 TV를 시청하며 대리만족을 하고 있는 것이다. 저 수많은 프로그램들이, 방송인들의 대리 체험이 나를 대신하고 있는 것이라며 스스로에게 위안을 삼고 있는 것이다. 그리곤 알려주는 정보를 직접 경험한 것인 양 떠들어댄다. 으스대며 주위들은 지식을 '내 것'처럼 천연덕스럽게 이야기하고 있다.

사실 우리네 삶은 늘 팍팍한 현실이어서 작은 짬이나 여유를 줄 수 있을 만큼 녹록하지 않다. 그리고 현실에 매인 상황을 아주 무시할 수 없기에, 고단한 삶의 핑계와 위안을 위해 그럴 수 있다고 이해한다. 또한 삶의 언저리에 있는 사람들 모두가 각기 처해 있는 환경이 다르니 그 맛과 멋을 꼭 경험하는 것이 정답이라고 말할 수는 없다.

그러나 현실이 그렇다 하여 다른 이의 경험치를 계속 내 것인 양 이야기할 것인가? 진정한 맛과 멋을 알기 위한 노력을 등한시하고 계속 현실에 묶인 채 '대리만족'에만 안주할 것인가? 여전히 내가 맛본 양 음식에 대해 이야기하고, 내가 다 알고 있는 것처럼 TV에서 들은 얕은 나의 지식을 전부 내보일 것인가? 이런 상황에 대해 『중용』에서는 다음과 같이 언급하고 있다.

人莫不飲食也 鮮能知味也.
인 막 불 음 식 야   선 능 지 미 야

사람은 모두 마시고 먹지만 그 맛을 아는 사람은 드물다.

『중용中庸』제4장 中

　우리는 습관적으로 먹고 마신다. 반복적인 삶과 시간 속에서 깨어 있지 않기 때문에 습관에 매몰된 의식은 내가 하는 행동의 맛과 멋을 자각하지 않는다. 그러기에 삶의 중요한 모든 순간이 습관으로 전락해 버린 것이다. 맛과 멋을 느낀다는 것이 얼마나 희귀한 일이 되었는가!

　진실로 그렇다. 현재 있는 자리에서 나를 돌아본다면 습관적으로 살아가고 있는 것이다. 일상에 매몰되어 현실을 핑계 삼아 게으름을 이유로 '진짜'를 살아가려 노력하지 않는 것이다.

　깨어 있는 의식과 감각으로 직접 느끼지 않는다면 일상으로 행하는 모든 일들조차 진정한 맛을 알기란 어려운 일이 아닐 수 없다. 그러기에 '멋'에 대한 앎의 욕구와 뜻이 확고히 있다면 습관에 매여 있어서는 안 된다. 타인의 체험을 내 것인 양하는 '대리만족'에 안주하거나 '주워듣기' 식의 지식 충전에 멈춰서는 안 된다. 언제나 자각이 이루어지도록 늘 깨어 있어야만 한다. 그러기 위해서, 내 삶의 전쟁터인 현실에 '발'이 묶여 있다면 '손'과 '머리', '모든 감각'을 아끼지 말고 부지런히 사용해야 한다.

머리로만 하는 수행으로 진정한 깨달음을 이룰 수 없듯이 직접 만지고 느끼고 가봐야 하는 것이다. TV 시청을 하는 쉬운 방법이 아니라 책을 읽고 생각과 지식을 키워야 하며, 경험을 통해서 감각을 길러야 한다. 나의 뇌에 다양한 지식을 보충해 주고 끊임없는 호기심을 키워 주며, 적당한 경험으로 만족을 주어야 한다. 비록 관심과 생각을 성장시키는 과정이 느리고 힘들어 꾸준히 실천하기 어렵다 해도, 책을 통해 지식을 쌓아가고 경험을 통해 감상의 수준을 높여야 할 것이다.

식재료에 대한 이해와 조리법, 음식문화를 아는 것과 함께 직접 먹어보는 사람이 진정한 맛을 느끼는 사람인 것이다. 성지가 조성된 종교적 배경과 지역적 환경, 역사를 알아서 지식을 쌓아감과 동시에 직접 성지를 순례하는 순례자가 되어 내 믿음의 대상인 의지하는 이를 참배하고, 그로 인해 경외심과 믿음이 생기는 것이 진짜 종교체험을 하는 것이리라. 건축의 아름다움, 미술작품의 아름다움, 음악의 아름다움 또한 그러하다. 박물관이든 건축물이든 공연장이든 내 발로 가서 보고 듣고 만져봄으로써 오롯이 내 것으로 체득되는 완상의 즐거움이 진정한 맛을 느끼는 순간이 아닐까?

앞의 '과정'에 대한 지루함과 어려움을 이겨내다 보면 어느새 맛과 멋을 '알고 즐기는' 경지에 오를 것이다.

中庸

제5장

꿈을 향해 나아갈 때는

더 많이 놀고, 딜 초조 했으리라.

진정한 아름다움은 자신의 인생을 사랑하는 데

있음을 기억했으리라.

부모가 날 얼마나 사랑하는가를 알고

또한 그들이 내게 최선을 다하고 있음을 믿었으리라.

아, 나는 어린아이처럼 행동하는 걸 두려워하지 않았으리라.

더 많은 용기를 가졌으리라.

모든 사람들에게 좋은 면을 발견하고

그것들을 그들과 함께 나눴으리라.

킴벌리 커버거, 『지금 알고 있는 걸 그때도 알았더라면』 中

새해가 밝아오면 늘 하는 일이 있다. '올해의 목표'를 세우는 것
이 바로 그것이다. 배움에 대해 생각과 필요성을 느껴 꼭 빠지지
않는 것이 있으니 바로 '외국어 배우기'이다. 최근에는 스마트폰의
기능이 좋아져 다양한 앱이 개발되어 있으니 배우기 더욱 편리한
세상이 되었다.

SNS 상에서 찾을 수 있는 다양한 외국어 영상들을 공유하고 학

습 앱을 설치하면서 단단히 마음을 먹는다. 이번에야말로 기필코 수준향상을 시키리라! 공유를 걸어놓은 SNS 영상들은 마치 알람처럼 한 번도 거르지 않고 아침시간에 새로운 단어를 갖고 나를 찾아온다. 폰에 설치해 놓은 학습 앱은 친절하게도 30분 전부터 오늘의 공부를 확인시켜준다. 편리한 세상이 가져다주는 '친절한 공부씨'가 아닐 수 없다.

그런데 나의 공부를 돌아보면 이야기가 달라진다. 이런저런 상황과 핑계로 '그날의 공부'가 미뤄지는 일이 부지기수이다. 그리하여 성실한 앱 프로그램이 하루도 빠짐없이 전해 주는 그날의 학습은 어느덧 태산 같은 무게로 내게 다가온다. 차라리 '부담을 느낄 바엔 학습 앱을 삭제하자'는 유혹을 받는 지경에까지 이르렀다. 이만저만한 '작심삼일'이 아닐 수 없다. 이것이 비단 나만의 문제일까?

굳이 새해가 아니어도 마음먹을 계기가 생기는 그날부터 우리는 '금주', '금연', '다이어트', '운동' 등의 온갖 결심과 목표를 세운다. 하지만 늘 '오늘이 마지막이야', '내일부터 시작하자'라는 핑계거리를 대며 실천을 미룬다. 이처럼 '뜻'은 있지만 실천을 하지 않는 이유는 무엇일까?

어떤 이는 '절실'하지 않기 때문에 결심과 목표를 이루지 못한다고 이야기한다. 그렇게 오로지 마음의 문제일까? 꼭 그렇지만은 않다.

스님들의 경우를 예로 생각해 보면 알 수 있다. 윤회의 고통을 끊어내고 자성自性을 찾기 위한 초발심을 내어 수행의 길을 나선 사문들이 갖고 있는, 깨달음을 이루고자 하는 목표에의 절실함은 어느 누구 한 명도 서로에게 뒤지지 않을 것이다. 그렇게 절실한 마음을 지닌 사문들이 걸어가는 수행의 길이 모두 같은가? 그렇지 않다.

아니다. 수행의 길을 걷는다 하여 모든 사문들이 동일한 방편을 사용하는 것은 아니다. 즉 수행자의 근기에 따라 각자 다른 수행법을 쓰며 길을 달리한다. 당연히 최종 목적지가 달라진다. 같은 목적지가 아니라 하여 목표를 이루지 못했다 할 수 있을까? 마음이 절실하지 않았다고 말할 수 있는가? 아니다.

수행에서 다양한 방편이 있는 이유는 바로 전생의 업業과 현생의 연緣을 거쳐 만들어진 습성習性을 극복하기 위한 것이다. 윤회고에 시달리면서도 끊어내지 못하는 것이 바로 업연業緣으로 인한 습성으로, 이것이 정진의 길을 방해하며 안주하게 만드는 것이다. 이와 같이 목표와 결심을 방해하는 것은 마음이 아니라 내 몸이 갖고 있는 습성의 문제인 것이다. 그렇기에 뜻을 세움과 실천의 행위가, 근원은 같을 수 있지만 결과는 똑같을 수 없는 것이다. 그렇기에 오로지 절실한 마음만의 문제는 아닌 것이다.

또한 다양한 방편을 마련해 두고 수행자 스스로가 자신의 근기를 냉철히 살펴, 목표에 맞는 적절한 수행법을 선택하여 꾸준히 실천하는 수행자의 모습을 보면서, 개인이 자신의 근기와 행동의 역량이, 즉 현상이 어떠한가를 정확히 알고 이에 맞는 적절한 방법을 찾는 것이 또 다른 목표 성취의 길이지 않을까 한다.

이와 같이 뜻(道)과 현상(행동)의 관계에 대하여 『중용』에서는 이렇게 이야기하고 있다.

子曰 道其不行矣夫.
자 왈 도 기 불 행 의 부

공자께서 말씀하셨다.
"도, 그것이 행해지지 않는 것이로구나!"

『중용·中庸』 제5장 中

범인들도 도가 있음을 알지만 그것이 꾸준히 행해지는 것은 매우 드물다는 뜻이다. 즉 안일함이 습성으로 몸에 밴 보통의 사람들은 늘 상황과 유혹에 흔들려 '작심삼일'에 그치고 만다는 의미이다. 그렇다면 평범한 우리네는 늘 '작심삼일'만 해야 한다는 것인가? 그렇지 않다. 그렇다면 도대체 어떤 실천을 일상에서 시도하여야 마음먹은 바를 성취할 수 있을 것인가?

평범한 우리네에게 깨달음이라는 목표는 사실 너무 크고 원대하여 그야말로 사상누각砂上樓閣일 가능성이 높다. 그래서 헛된 꿈을 꾸게 된다. 이는 마치 지금 내가 타고 있는 작은 낚싯배를 살펴보지 않은 채 먼 바다로 나가는 것과 같다. 어찌 바다의 고래를 낚을 수 있겠는가? 이룰 수 없는 먼 미래의 높은 목표를 만들면 성공에 대한 가능성보다 실패에 대한 불안함을 키울 수밖에 없다. 결국 작심삼일의 늪에서 벗어나지 못할 것이다.

먼 미래의 꿈을 그리기 전에 내가 디디고 있는 현재를 냉정히 잘 살펴보자. 그리고 나의 '현재'에 집중한다면 방향과 목표를 알게 될 것이다. 실현 가능성이 높은 방편이 도처에 나타날 것이다.

분심을 내어 끝없이 의심하고 자각하여 깨달음에 이르고자 하는 수행의 길에, 어쩌면 제일 중요한 것은 현생에서 선근을 쌓는 일일 것이다. 현생에 깨달음의 수기受記를 받지 못한다 해도 내생에는 성불하리라는 근기를 가질 수 있을 때, 나를 얽매였던 습성을 끊어낼 수 있기 때문이다. 마찬가지로 어제와 다른 '오늘'을 만들어보자는 식으로 현재에 집중하는 목표를 세운다면 비록 습성의 유혹에 흔들리더라도 결심에 한 걸음 다가갈 수 있지 않을까?

아인슈타인의 "어제와 똑같이 살면서 다른 미래를 기대하는 것은 정신병 초기증세이다"라는 말과 같이, 현재에 집중하되 조금씩만 달라지길 목표한다면 행하지 못할 것이 무엇이 있겠는가? 그 하루가 쌓여 인생이 변화해 나갈 것이다.

中庸
●
제6장

나를 들여다봄

計功多小	量彼來處
계 공 다 소	양 피 래 처
忖己德行	全缺應供
촌 기 덕 행	전 결 응 공
防心離過	貪等爲宗
방 심 리 과	탐 등 위 종
正思良藥	爲療形枯
정 사 양 약	위 료 형 고
爲成道業	應受此食
위 성 도 엉	응 수 차 식

이 음식이 어디서 왔는고

내 덕행으로는 받기 부끄럽네

마음의 온갖 욕심 버리고

몸을 지탱하는 약으로 알아

도업을 이루고자 이 공양을 받습니다.

오관게(五觀偈: 불교에서 공양할 때 외우는 다섯 구의 게송)

옷감을 덧대어 기워 입고, 물건을 끝의 끝까지 아껴 써가며, 쌀
한 톨 허투루 버리지 않고, 어려워서 못 먹고 못 살던 가난의 시대
가 저문 지 오래다. 포장이 뜯기지도 않은 채 버려지는 물건들이
쌓여가고 있으며, 젓가락질 한 번 닿지도 않은 음식들이 고스란히

쓰레기통에 버려진다. 소비를 위한 명분을 가진 과잉생산 시대이다. 아니다. 어쩌면 쓰레기 생산의 시대인 것이다. 이는 특히 식食문화에서 두드러져 보인다.

풍요로운 음식 생산은 사람들의 창의성에 힘입어 새롭고 다양한 신 메뉴들이 개발되고 소비된다. '식도락'이라는 그럴듯한 이름으로 '음식소비'를 권하고 있는 추세이다. TV를 틀어도 맛집에, 먹방에 '음식탐방기'이다. 외국인도 '먹방'이라는 단어를 알고 정확하게 사용할 정도로 우리나라의 음식소비 콘텐츠는 인터넷 세상에서도 유명하다. 바야흐로 식량소비의 시대인 것이다.

많은 수요에 힘입어 생산된 음식들은 입맛에 대한 기호와 자극적인 맛에 호평을 받는 경우도 있지만, 실상은 과잉생산과 짧은 유통기한 때문에라도 천덕꾸러기 신세를 면치 못해 음식물쓰레기로 처분되고 있는 실정이다. 가난으로 인해 늘 굶주리던 시절, 물한 대접으로 배고픔을 달래던 이야기는 기억에서조차 흐릿해졌으며, '콩 한 쪽이라도 나누어 먹는' 아름다운 이야기들은 먼 옛날의 전설이 되어 버린 것이다.

음식이 흘러넘치는 풍요의 시대에 잘 적응하여, 먹는 행위를 충실히 실천하여 건장한 체격을 넘어서는 풍채를 지닌 사람들에게 사람들은 아이러니하게도 '자기관리 부적격자' 혹은 '비만인'이라는 부정적 시선을 보낸다. 참 이율배반적 사고와 행위가 아닐 수 없다. 그 옛날 '후덕'이나 '인격'이라는 미명으로 '풍만함'을 인정받았던 일들은 더 이상 없다. 이 역시 다른 의미의 전설이 되어 버린 것이다.

사람들은 앞 다투어 비만의 굴레에서 벗어나려 한다. 현대 의학계는 인류가 고통받고 있는 모든 병의 원인을 비만으로 천명하며, '비만'을 병으로 판단하여 치료의 대상으로 규정지었다. 이를 근거로 온갖 매체에서는 인류의 적인 '비만'으로부터 벗어나기 위해 다양한 해결방안을 쏟아내고 있으며, 개인과 회사들도 저마다 자기들이 효과를 보았다고 떠들어대고 있다. 비만과 식이조절이 일상이 되었다.

피나는 노력에도 불구하고 현실의 수치에서는 비만 인구의 증가라는 정반대의 현상을 보여준다. 그리하여 사람들은 '비만'을 배척하며, 이 병을 '치료'하기 위해 사람들은 또다시 힘든 길을 선택한다. 비만을 피하기 위한 운동프로그램에 참가하는 것은 물론 각종 건강보조식품들을 먹고 있다. 먹으니 병이 되고, 병이 되니 또 고치기 위해 먹어야 하는 웃기는 상황이 쳇바퀴 돌 듯 계속되는 악순환인 것이다.

악화일로의 상황에 기름을 부었다. 사람들에게 '비만'은 나쁘다, 혹은 '아름답지 않다', '게으르다'의 미추美醜 혹은 선악善惡의 개념이 첨가되었고, 사람들은 점차 극단의 선택을 하는 악순환의 기로에 위태롭게 서 있게 되었다. 즉 과하게 음식을 섭취하거나 거부하는 양극단의 상황에 놓여 있는 것이다.

어쩌면 지금 나는 몸과 마음에 대한 생각, 즉 '비만' 혹은 '미추' 혹은 '선악'이라는 가치에 치우쳐 있는 것은 아닌가? 내가 지닌 몸이라는 현상을 객관적으로 보지 못하고 현상과 개념이라는 양 극단 중 어디쯤에 치우쳐 있는 것은 아닐까?

진실로 몸과 마음은 하나 된 수행의 도구다. 하여 몸과 마음의 두 개체를 살펴 조화롭게 정진해 나아가야 한다. 그런데 '가치'와 '개념'이라는 마음에 치우쳐 신체적 현상을 놓치고 있는 것은 아닐까? 그렇다면 어떻게 해야 마음과 몸에 대한 가치의 영향 없이 내 몸과 마음을 객관화하여 수행과 삶을 올바르게 운용할 수 있을까?

『중용』에서 언급된 '극단을 잘 이해하고 운용하는 방법'을 살펴봄으로써 우리의 지향할 바를 고민해 보자.

子曰 舜其大也與 舜好問而好察邇言 隱惡而揚善 執其兩端
자 왈　순 기 대 야 여　순 호 문 이 호 찰 이 언　은 악 이 양 선　집 기 양 단

用其中於民 其斯以爲舜乎.
용 기 중 어 민　기 사 이 위 순 호

공자께서 말씀하셨다.

"순임금은 그게 지혜로운 분이였구나! 순임금은 묻기를 좋아

하고 일상의 작은 이야기들을 듣는 것을 좋아했으며, 악은 숨기고 선을 드러내었고, 일의 양쪽 극단을 잘 이해한 다음 그 중中을 대중에게 사용하였으니, 이것이 순임금이 그토록 존경받는 인물이 된 이유가 아니겠는가!"

『중용中庸』제6장 中

중국 순임금은 일(事)의 양 극단極端을 잘 이해한 후 그 중간을 사용하였다고 한다. 일의 원인과 내포된 의미를 잘 이해하고 순리에 맞게 행동함으로써 중용中庸의 미덕을 실천했다고 볼 수 있다. 즉 개념과 결과에 얽매이지 않고 원칙(道)에 맞게 행동했다는 것이다.

부처님 역시 출가 후 사마타 수행이라고 하는 극단적 고행수행을 하셨다. 이 수행은 밥 먹는 것도 잠자는 것도 잊어버림으로써 정신의 정화와 깨달음을 지향하는 수행법이다. 6년 동안 수행하면서 부처님의 몸은 약해질 대로 약해졌고 정신마저 희미해져 수행을 계속할 수 없었다. 그러던 중 '육체를 의식적으로 괴롭힌다는 것은 그만큼 육체에 집착하고 있다는 것이 아닌가? 육체에 관심을 두기보다 차라리 마음을 고요히 바르게 가누는 수행이 오히려 육체의 정화까지도 가능하게 하는 것이 아닐까?'라는 의문을 갖고 새털처럼 가벼워진 몸을 추스르고 네란자라 강물에 내려와 몸을 씻고, 수자타의 우유죽 공양을 받으신 후 '육체와 깨달음'이라는 일체의 얽매임에서 벗어나 자신의 몸을 관觀하시어 동체대비同體大悲의 깨달음을 얻으셨다.

부처님이 고행의 과정에서 '육체의 얽매임'에서 벗어났듯이, 몸은 오직 이 생을 잘 지내기 위한 수행의 도구이며 깨달음의 완성체이다. 그렇기에 우리도 고정관념이 끼어들게 해서는 안 된다. 그래야만 온전히 몸이라는 도구를 원활하게 운용하여 현재의 삶을 행복으로, 깨달음으로 이끌어 갈 수 있기 때문이다.

그러나 우리네들은 정작 중요한 내 몸에 대한 관觀은 시도하지 않은 채, 다양한 미적 개념을 입혀 우리 몸을 괴롭히고 있다.

내 몸을 제대로 관찰해 본 적은 언제인가? 나의 호흡을 제대로 지각한 적은 있었나? 지금 나의 몸은 어떤 상태인지 객관적으로 살펴본 적이 있던가?

나의 몸은 이렇다. 우리나라 사람이면 한 번은 봤을 법한 둥근 얼굴에 먹으면 먹는 대로, 못 먹으면 못 먹는 대로 솔직하게 표현해 대는 몸매를 갖고 있다. 그러나 진실로 우리가 살펴보아야 할 것은 외관상으로 드러나 있는 몸매만이 아니다.

나는 어떤 호흡을 가지고 숨을 쉬고 있는가? 나는 과연 사물을 정확하게 살펴볼 수 있는 눈을 지니고 있는가? 나는 어떤 마음가짐을 가지고 음식을 대하며, 주로 내가 섭취하는 음식이 내 몸에서 어떤 소화를 거쳐 나를 움직이게 하는 에너지원이 되고 있을까? 남들이 얘기해 주는 상식적인 내용들 말고, 내 몸의 건강상태를 각 기관별로 집중해가며 느껴본 적은 있는가? 관觀을 통해 몸이 보내는 신호를 수신할 수 있어야 한다.

이런 정직한 몸에 대해, 극단의 가치 기준을 가지고 미추의 판단을 할 수 있을까? 본성을 지키고 수행해 나가는 도구인 우리의 몸에 대해 가치관을 내포한 개념으로 판단한다는 것이 어쩌면 어불성설일 수 있다.

그렇다면 우리는 어떤 기준을 가지고 몸에 대해 생각하고 그 판단이 옳은 것이라고 얘기할 수 있을까? 남들의 시선에 나의 소중한 몸을 맡겨버리고 쉽게 극단적 기준을 잣대로 판단해 버린 것은 아닌가?

우리가 부처님과 순임금이 되는 것은 어떠한가? 세간에 만연해 있는 미추에 대한 개념에서 벗어나, 도道를 이루게 도와주는 방편으로 몸을 받아들인다면 세상의 편견에서 한 걸음 벗어날 수 있을 것이다. 또한 미추와 방편의 양극을 잘 이해한 후, 나의 상태에 맞는 중도中道를 찾아 자성을 지닌 소중한 우리 몸을 가꾸어 나가도록 변화해 보는 것은 어떠할까?

일반적 시선으로부터, 나부터 자유로워져 조금씩 변화해 나간다면 '아름다움'이나 '비만'이라는 극단의 가치에 얽매여 몸을 괴롭히는 사회의 풍조가 조금씩 바뀌어질 것이다. 이럴 때에야 비로소 수행의 도구이자 수행의 결정체인 몸이 바로 설 수 있지 않을까? 그래서 마음알기의 첫걸음은 내 몸을 바로 아는 것부터 시작하는 것이다.

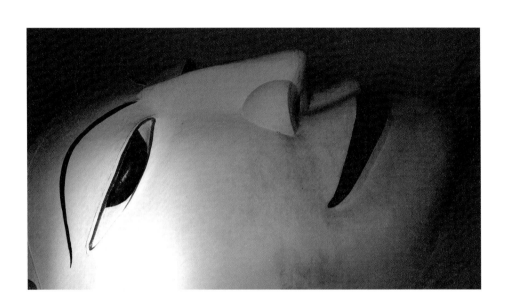

中庸
●
제7장

한 걸음 물러서서

거울속에도내게귀가 있소
내말을못알아듣는딱한귀가두개나 있소
……
나는지금거울을안가졌소마는거울속에는늘거울속이내가 있소
잘은모르지만외로된사업에골몰할 게요

시·이상, 거울 中

하루는 가까이 지내는 이가 걱정거리를 갖고 찾아와서는 전후 사정을 장황하게 늘어놓으며 자신의 입장과 생각을 길게 설명하였다. 그리고 해결에 대한 실마리 혹은 조언을 구했다.

과연 그는 어떤 선택을 할 것인가에 대해 반신반의하며 나는 문제해결을 위한 최선의 방안을 그가 처한 상황과 성품을 고려하여 제시해 주었다. 또한 그의 생각의 장점과 단점에 대해 이야기하면서 다른 문제가 생길 가능성을 언급해 주었다. 현재 상태에서 선택할 수 있는 최선의 방법을 그가 실천하길 바란다는 마음도 전달해 주었다.

그러나 후에 들려오는 소식에는, 그이는 애초에 자신이 생각했던 방법대로 일을 풀어나갔다 한다. 그러다 결국 예견했던 문제가 발생했고 지금 곤란을 겪는다고 했다. 왜 결국 '마이동풍馬耳東風'인 걸까?

'조언'을 구하러 내게 상담을 청하는 이들이 종종 있다. 나는 문제의 경중이나 친분 여부를 떠나서 문제 상황을 살펴보고 현실적으로 발생할 수 있는 변수와 조언을 구하는 이의 이익을 고려해서 아는 범위에서 최대한 자세히 조언을 해 준다. 그러나 열심히 고민하고 조언한 노력이 허무하게 느껴질 정도로 앞선 예와 같이 '마이동풍'으로 끝나는 경우가 사실 허다하다.

애초에 자기 생각대로 일을 추진할 요량이면서 왜 시간과 마음을 들여 '조언' 아닌 조언을 구하려 하는 것일까? 그런 줄도 모르고 열심히 '조언'을 했다. 나로서는 '허공에 대고 신소리를 해 댔구나!' 하는 씁쓸한 생각이 드는 것은 어쩔 수 없다.

나를 찾아오는 이들의 입장에서 생각해 본다면, 어쩌면 처음부터 내게 '조언'을 구하고자 했던 것이 아닐 것이다. 자신이 생각하고 결정하는 것에 대한 확신을 갖고 싶어서 터럭만큼이라도 좋으니 '동의'나 '공감'을 해 주십사 하며 다른 이를 찾아다니는 것일 뿐이다.

사람들은 왜 이미 마음먹은 바가 있음에도 불구하고 다른 이에게 조언을 구하거나 상의를 하는 것일까? 결국 '내가 그 상황에 있기 때문에 가장 잘 알고 있으니, 내 판단이 맞을 것이다'라는 자기

70

결정에 대한 '지지'나 '동의'를 구한 것이다. 그러니 내가 요구의 포인트를 잘못 잡은 것이다.

사실 문제의 중심에 있는 내가 제일 잘 아니 당신은 조언 말고 동의나 해라는 식의 생각은 언뜻 고개를 끄덕이게 되는 말이다. 그러나 다시 한 번 생각해 보면 과연 그럴까?라는 의심이 생겨난다. 사실 조언을 구하려 했던 당사자가 속사정을 온전히 내보여 정보가 완전히 동일한 상태에서 결정을 내린다면 나와 당사자의 생각이 크게 차이나지 않을 것이다. 하지만 조언부터 결정까지의 모든 것이 늘 다르다. 어째서 이런 문제가 생기는 것일까?

어쩌면 혹시 내게 속내를 다 보이지 않은 것일 수도 있다. 그러나 근본적인 문제는 문제를 제일 잘 알고 있는 사람은 결국 '나'라는 생각이, 혹은 독단이 객관적이며 현실적인 조언을 흘려듣게 되는 결과를 가져온 것이다. 자의식, 즉 '아상我相'에 사로잡혀 현상에 대한 객관적인 인식과 판단을 하지 못하게 되는 것이다.

아상이란 오온五蘊이 일시적인 인연에 따라 모여 자기를 형상하는 것을 중생들이 영원한 실체로 착각하여 생기는 관념이다. 수많은 과거생의 업식들을 자의식으로 오판하여 나와 남의 구별을 짓는다. 이로써 잘난 체하고, 행복한 체하고, 능력 있는 체하며, 자기의 지식과 학문, 능력이나 지위를 자랑하며 남을 멸시하는 결과를 만든다. 결국 참나(眞我)를 감추고 스스로 감정의 노예가 되는 불행을 야기하는 것이다.

이렇게 스스로에 대한 강한 자의식에 대하여 『중용』에서는 여지予知라고 이야기하며 경계해야 할 대상이라고 설명하고 있다.

子曰 人皆曰予知 驅而納諸罟擭陷阱之中而莫之知也.
자 왈 인 개 왈 여 지 구 이 납 제 고 획 함 정 지 중 이 막 지 지 야

人皆曰予知 擇乎中庸而不能期月守也.
인 개 왈 여 지 택 호 중 용 이 불 능 기 월 수 야

공자께서 말씀하셨다.

"사람들은 모두 '내가 잘 안다'고 주장하나 몰아서 그물이나 함정에 들여놓아도 그것을 피할 줄 모른다. 사람들은 모두 '내가 잘 안다'고 주장하나 중용을 선택하여 한 달 동안 지키는 것도 할 수 없다."

『중용中庸』 제7장 中

일을 추진함에 있어 자신감, 즉 스스로의 능력을 믿고 무엇이든 할 수 있다고 생각하며 적극 임하고 노력하는 것은 중요하다. 그러나 자신의 능력을 과신하는 것, 즉 본인의 능력을 객관적으로 판단하지 않거나, 혹은 과대평가한 스스로를 믿는 것은 매우 위험하다.

일을 그르치는 가장 많은 이유는 바로 지식과 학문, 경험과 배경

을 오판하는 일, 즉 여지予知이다. 강한 자의식(我相)은 상대에 대한 과소평가를 야기한다. 결국 객관적이지 못한 현실 이해는 실패로 결말지어진다.

즉 그물이나 함정에 빠질 수 있을 만큼 현실에 대한 이해와 판단력이 결여된 믿음은 자만(我相)을 만들어낸다. 상황을 똑바로 보지 못하여 스스로가 함정에 매몰되어 버리는 것이다. 상황에 매몰되면 갖고 있던 지혜마저 무용지물이 되기 쉽다. 이럴 때는 그야말로 행운도 비집고 들어갈 틈이 생기지 않는다. 결국 어려운 형국에 놓여 심한 좌절을 맞게 된다.

일을 함에 있어서나 수행을 함에 있어서 '아상我相' 혹은 '여지予知', 어쩌면 '나'를 버리고 순리에 따라 차분히 한 호흡 가라앉히고 한 걸음 물러서서 객관적으로 바라볼 수 있는 마음의 여유와 실천이 필요하다. 떠오르는 생각을 지우려 애쓰지 않고, 이를 관觀하여 망상을 버리고 참나를 찾아가는 것과 같은 이치가 아닐까 한다.

그리하여 스스로의 이익을 위해 실천하는 것과 수행은 다른 것이 아니다. 멀리 있는 것이 아니다. 삶 속에서 갈등과 번민 속에 놓여 있을 때 매몰되지 않으려 노력하며, 고민을 관하려는 노력과 실천이 이루어졌을 때 순리의 이로움이 올 것이다. 이것이 또한 수행 아닌가!

中庸

제8장

삶의 이정표를 만들 때

踏雪野中去　　不須胡亂行
답 설 야 중 거　　불 수 호 란 행

今日我行跡　　遂作後人程
금 일 아 행 적　　수 작 후 인 정

눈 덮인 들판을 걸을 때

모름지기 함부로 걷지 마라

오늘의 내 발자취는

뒷사람의 길이 되리니

시 · 서산대사, 답설가踏雪歌

　우리나라의 산길은 대체로 잘 닦여져 있어서 등산을 함에 있어 길을 헤매거나 하는 일이 매우 드물지만, 늘 걷던 산길이어도 발을 내디딜 때 머뭇거려지는 순간이 종종 있다. 하물며 새로운 산을 걸어갈 때의 긴장감이란 말로 표현하기 어렵다. 사람들이 지나면서 만들어진 것인지, 아니면 짐승들의 나들목인지 모를 애매한 길목에 접어들 때에는, 맞는 길을 가고 있는가에 대한 걱정과 함께 먼발치에서 들려오는 인적조차 반갑고 그립기까지 하다.

　마음속에서 스멀스멀 피어오르는 불안감을 누르고 한 발 두 발 묵묵히 내디디며 걷다 보면 어느새 중턱 즈음에 다다르게 된다.

문득 고개를 들었을 때, 마치 나를 기다렸다는 듯이 우뚝 서 있는 이정표를 보게 되는 순간, 감격이라는 말로 표현하기 어려울 정도의 반가움이 일어난다. 이정표가 주는 기쁨은 마치 한여름 목마를 때의 감로수와 같다. 또 한편으로는 '내가 걸어온 이 길이 틀리지 않았구나!' 하는 생각이 들면서 문득 일어나는 불안을 잘 다스리고, 걸어오느라 애썼다는 뿌듯함이 가슴에 차오른다.

그래서 이정표는 이와 같이 단순히 길을 안내해 주는 기능만을 하는 것이 아니다. 흔들림을 이겨내고 묵묵히 그 길을 걸어온 사람에 대한 따뜻한 위로인 것이다. 우리 불가佛家에서는 이러한 이정표 역할을 하는 것이 다양하게 있다.

그 첫째로는 수많은 경전이 있다. 수행의 길에 흔들리는 마음을 대할 때마다 다잡아 줄 수 있도록 부처님의 가르침과 계율을 말씀해 놓았다. 이러한 말씀들은 부처님 열반 후 비구들이 부처님의 설법을 편찬한 것이다. 수행하는 사문들 스스로 생각과 생활의 흐트러짐을 방지하고 스스로 점검하여 깨달음에 이르기 위해 만든 충실한 이정표인 것이다.

두 번째는 참선의 과정에 있다. 대의심이 생겨 경전 참구로 혹은 화두 참구로 의심을 풀어 나갈 때, 선지식이 계셔 점검을 받을 수 있을 때는 바른 수행으로 돌아가기 쉽다. 하여 문제가 되지 않으나 그렇지 못할 경우를 대비해 점검을 받을 수 있는 올바른 이정표가 필요하다. 하여 참선 중에 반증할 수 있는 수많은 방편을 이 정표로 마련해 두었다. 이를 바탕으로 바른 길로 수행 정진해 나아갈 수 있는 것이다.

그렇다면 현재를 살아가는 우리들에게 잘 살아가고 있다는 점검과 위로를 주는 이정표는 무엇일까? 많은 돈과 높은 지위가 우리들의 이정표일까? 그래서 우리들이 살고 있는 아파트의 평수가, 혹은 이동수단에 불과한 자동차의 배기용량이, 명함에 적힌 직장에서의 직함이 사람들의 공식적인 이정표가 된 것인가? 넓은 평수이면, 큰 배기량의 차이면, 높은 직함이면 나는 잘 살아가고 있는 것인가?

우리나라는 일제 강점기와 한국전쟁이라는 절체절명의 시기를 겪었다. 매 순간이 삶의 위기였다. 그러기에 그때는 눈에 보이는 것, 손에 잡히는 것으로 이정표를 확인했었다. 즉 한 끼의 따뜻한 식사가 그날의 이정표였고, 따뜻한 집이 행복의 척도였으며 위로였다. 그래서 편안과 안락, 부富가 삶을 잘 살아내고 있다는 상징이 되었고 목표점이 되었다.

그렇게 우리네들은 치열하게 순간을 살아왔다. 손에 가득 쥐어진 돈과 명예가 삶을 잘 일궈내고 있다고 확인시켜 줬다. 우리가 경제발전을 기치로 내걸고 사회를 발전시킬 때에는 이러한 것들이 삶의 이정표가 되었다.

그러나 물질이 삶의 모든 척도였던 시절은 그리 오래 가지 않는다. 경제발전의 이면에는 소외와 불평등이 있다. 열심히 노력한 자들의 부에 대한 소외와 가난의 대물림, 부의 불균형은 삶의 목표점에 대한 의문과 회의를 불러왔다.

결국 외환위기(국가부도 상황)로 대표되는 경제위기를 통해 이러한 것들이 삶의 올바른 지표가 될 수 없다는 것을 뼈저리게 느꼈다. 청춘을 바쳤던 직장에서 하루아침에 쫓겨나고 안락했던 집이 경매에 넘어가면서 돈이, 물질이, 명예가 목표가 아니라는 것을 새기게 된 것이다. 이대로 우리의 이정표, 즉 삶의 위안과 척도는 없어지는 것인가? 그렇다면 우리의 남은 삶은 무엇을 향해 가야 하는가?

허무와 불안만이 남은 삶에 만족하며 그저 하루하루를 살아내야 하는 것인가? 아니다. 진실로 그렇지 않다. 우리는 지금 우리에게 알맞은 새로운 이정표를 만들어야 한다.

'눈 덮인 들길을 걸을 때'와 같이 아무것도 주어지지 않은 삶, 어떻게 살아야 할지 막막해지는 지금을 지나가고 있는 나와 당신과 우리가 바로 새로운 이정표를 만들어 가는 주인이 되어야만 한다. 그렇다면 우리는 어떠한 이정표를 만들어야 하는가에 대해 차분히 생각해 보자.

삶의 목표를 설정함에 있어 당장 이런저런 삶을 찾아보고 최선의 삶을 이야기하는 것은 성급한 결론이거나 조급한 대안이다. 어떤 것이 최선이라고 얘기하기 전에, 나는 마음의 주춧돌을 세웠으면 한다. 바로 앞으로의 삶의 이정표에 복응服膺이라는 것이 함께했으면 한다. 그렇다면 과연 복응이란 무엇인가? 『중용』에서는 복응에 대해 다음과 같이 이야기하고 있다.

子曰 回之爲人也 擇乎中庸 得一善則拳拳服膺而不失之矣.
자 왈 회 지 위 인 야 택 호 중 용 득 일 선 즉 권 권 복 응 이 불 실 지 의

공자께서 말씀하셨다.
"안회의 사람됨은 중용을 선택하여 하나의 가치 있는 것을 얻으면 성실하게 가슴에 새겨두고 잃지 않았다."

『중용中庸』제8장 中

『중용』에서 설명하는 복응服膺은 느낀 바나 교훈 등을 늘 마음에 두어 잊지 않는, 즉 가슴속에 품는 것이다. 원칙을 지키고 순리에 순응하는 큰마음을 잊지 않고 한가지로 유지하기란 어려운 일이다. 왜냐하면 사람의 진아眞我는 욕심과 이기利己의 습성에 의해 가려져 있기 때문이다. 즉 주위 사람과 관습과 문화 등 다양한 환경에 영향을 주고받기 때문에 사람은 욕심과 이기의 습성을 이기지 못하고 욕망에 충실한 행동을 하게 된다. 그리하여 큰 도道를 따르려는 의지를 놓치고, 결심하거나 목표한 바를 잊어버리기 십

상이다.

그렇기에 공자는 삶에서 마음에 품은 바를 절대로 잊지 않고 한시도 흐트러지지 않으려 노력한 제자 안회의 노력을 높이 평가한 것이다. 이러한 안회의 삶은 큰 도道에 순응하는 것이며, 우주원리에 순응하며 살아가는 순천자順天者의 모습인 것이다.

그러기에 안회와 같이 근원에 순응하는 큰 주춧돌을 마음에 세우는 것이야말로 새로운 이정표를 만드는 기초 작업인 것이다. 흔들림 없이 올곧은 것들에 대한 우리의 신념을 늘 되새기고 어긋나지 않게 되돌아갈 수 있는 원동력을 만들어 놓는 것, 또 이에 맞춰 새로운 가치 개념과 이정표를 세워 삶을 살아가는 것이 바로 복응服膺일 것이다.

도道에 거슬림이 없이 순응하며 살아갈 수 있는 가치를 마음에 새기는 과정을 지나야 삶의 가치에 대한 새로운 이정표가 생길 수 있지 않을까?

격동의 한국사를 지나오면서 우리들은 얼마나 많은 시련과 아픔을 겪어왔던가! 그 시절을 겪어오며 많이 느끼고 또 마음에 새겨 두었을 것들이 우리 민족을 따라 흐르고 있을 것이다.

이제 함께하는 한국의 미래를 위해 흔들림 없는 복응의 정신으로 새로운 가치를 창조해 나가자. 또 화합하는 삶의 이정표를 우뚝 세워 보는 것은 어떠한가?

中庸

제9장

진짜 풀기 어려운 숙제

세상살이에 어려운 일이 없기를 바라지 말라.

세상살이에 어려움이 없으면

업신여기는 마음과 사치한 마음이 생기나니,

그래서 성인이 말씀하시되 근심과 어려움으로

세상을 살아가라 하셨느니라.

「보왕삼매론寶王三昧論」中

장애물 경기처럼 삶은 우리에게 매일매일 새로운 시련과 문제를 던져준다. 그 장애가 어떤 이에게는 돈일 수도 있고, 또 다른 이에게는 건강일 수 있다. 혹은 사람간의 관계, 감정의 문제일 수도 있다. 어느 때에는 우리의 힘으로는 도저히 어쩔 수 없는 천재지변으로 다가오는 경우도 있다.

날마다 새롭게 태어나는 문제들의 범위도 점차 확장일로에 있다. 즉 개인의 문제에만 그치지 않아 가정의 문제, 사회·국가의 문제, 국제 문제로 그 범위와 영향력이 커져 다양한 형태로 생겨나고 있으며, 개인의 삶은 물론 사회의 변화에 심각한 영향을 미치고 있다.

노화를 예로 들어 생각해 보면 보다 쉽게 알 수 있을 듯하다. 개인의 육체적 문제이자 자연적 현상인 노화는 더 이상 개인만의 문제가 아니다. 수명 연장으로 인해 노화는 현대사회를 '고령화 사회'로 변화시켰으며, 경제·의료·복지·세대 등 다방면에 걸쳐 문제가 확대되고 있다. 특히 세대 간의 갈등은 '국민연금'을 필두로 '고용불안'의 문제까지 번져 나가는 양상을 보인다. 이는 단순한 사고의 갈등이 아니라 경제·고용·복지와 결합하면서 그 갈등의 양상이 복잡다단해지며 격해지고 있음을 말하는 것이다.

그뿐만이 아니다. 노화의 문제는 경제와 결합하여 다른 양상의 사회 갈등을 발생시키고 있다. 실례로 고령화 사회에서 '소득 혹은 자산의 분배 불균형'에 대한 불만과 갈등이 심화되는 것이다. 기성세대의 경제적 지위가 청년세대로 자연스럽게 유입되지 못하면서 '청년들의 상실감'은 'N포 세대'로 표출되고 있다. 이는 단순히 자존감의 문제가 아닌, 사회구조의 와해로 이어지고 있다. 사회 부조리 현상이 만든 균등에 대한 '기회' 박탈은 체제에 대한 반발심의 격화로 드러나고 있으며, 다른 한편으로는 '갑질'로 대변되는 '가진 자' 혹은 '기득권층'에 대한 반감이 심화되고 있으며, '소외된 자' 혹은 '사회적 약자'의 저항의식이나 자포자기 상황이 발생하고 있다.

이와 같이 우리에게 당면한 한 개인의 문제와 그에 얽힌 사회의 문제를 이해하고 해결방안을 고안해 내기에도 벅찬 상황인데, '엎

친 데 덮친 격'으로 세계 문제, 즉 지구촌 문제가 우리에게 다가오고 있다.

예들 들면 뉴스로 알려진 '제주도 난민' 문제가 지구촌 문제의 하나이다. 먼 나라의 이야기로 생각하고 사회적 공감대나 문제의식을 갖지 못했던 난민에 대한 수용 여부 문제가 대두되면서 난상토론으로 온 나라가 시끌벅적했다.

또 다른 예로는 쓰레기 문제이다. 우리나라 쓰레기를 해외로 수출해서 생기는 갈등, 혹은 다른 나라에서 쓰레기 수입을 금지하면서 생기는 문제들은 우리의 일상과 국가 간의 문제가 밀접하게 연결된, 그야말로 지구촌 문제인 것이다.

고려의 대상이 우리네 삶의 범위에서 벗어나 해결이 점차로 복잡하고 어려워지는 새로운 문제들이 나날이 증가한다. 즉 뉴스나 매체로만 접해 왔던 이슈들이기에 피부로 체감하기 어려웠던 현상의 문제들이, 혹은 먼 나라 애기라 치부했던 것들이 어느새 우리 사회의 '당면과제'가 되어 있는 것이다.

시급한 해결이 필요한 문제들이 어디 '난민'과 '쓰레기'만 있겠는가? 돌아보면 먼 애기 같던 '기후 문제'도 110여 년만의 최악의 '폭염'이라는 사태로 우리에게 닥쳐왔다. '종교전쟁'에서 비롯된 테러는 전 세계를 공포에 몰아넣고 있으며, 그 사정권 안에 내가, 우리가 살아가고 있는 것이다. 경제사정도 다르지 않다. 강대국 간에 심화되고 있는 '무역전쟁'은 기어이 내 식탁의 물가를 올려놓고야 말았다. 이웃은 실직상황에 내몰리게 되었다. 세계의 일이 내 일이 되어 버린 것이다.

거대한 세계정세를 상상하면서, 사회조직의 부조리를 생각하며 그 앞에 무기력한 나를 상상하고 있지는 않은가? 결국 '아무것도 바꿀 수 없다'는 생각에 자포자기를 하고야 만다.

그런데 정말 세상에 풀리지 않는 숙제란 없을까? 『중용』에서 언급한 바를 살펴보면, 다음과 같다. 즉 세상의 어려운 일들과 같은 난제들은, 결국은 해결되거나 성취될 수 있다고 이야기한다. 그러나 정작 중요한 난제는 다른 데에 있다고 역설力說하고 있다.

子曰 天下國家 可均也 爵祿 可辭也 白刃 可踏也 中庸 不
자 왈 천 하 국 가 가 균 야 작 록 가 사 야 백 도 가 답 야 중 용 불

可能也.
가 능 야

공자께서 말씀하셨다.
"천하국가를 공평하게 다스릴 수도 있고, 벼슬과 돈을 사양할
수도 있으며, 시퍼런 칼날을 밟을 수도 있지만 중용의 선택은
완전할 수 없다."

『중용中庸』제9장 中

86

역사를 돌이켜 자세히 살펴보면 공자의 예견은 진실로 정확하다. 가령 공산주의를 대표하는 소련의 연방체제가 붕괴됐을 그때에도 오히려 전쟁의 긴장감이 고조되었을 뿐 우리나라에 화해와 평화가 올 것이라고는 전혀 생각할 수 없었다. 6.25라는 가혹한 현실을 겪었던 우리 민족에게는 평화체제란 것이 해당사항에 없을 것이라고 여겼던 시절이었다. 그러나 지금 우리 주변을 둘러싼 분위기를 살펴보면 상황이 달라졌음을 느낄 수 있다. 우리 곁으로 조금씩 해빙의 시간이 오고 있다. 없을 것 같던 '한반도의 봄'이 더디기는 하지만 조금씩 가시권 안으로 다가오는 고마운 시절을 맞이하고 있는 것이다.

이와 같이 진실로 해결하기 어려울 것처럼 보이는 갈등들도 비록 그 변화가 더뎌 알아채기 어려울 수 있지만, 사회 문제를 해결하기 위해 다양한 방안들이 모색되고 또 꾸준히 시도되고 있다. 이것이 바로 난제의 해결로 가는 첫걸음이 아닐까 한다. 이를 계속 유지한다면, 결국 가능의 문제가 될 것이 아닌가! 공자의 탁월한 식견이 놀라울 따름이다.

그렇다면 이쯤에서 공자께서 언급한 단 한 가지 불가능은 무엇인가 되짚어보자. 바로 중용中庸이다. 결국 스스로의 마음을 제어하는 마음 다스림이 관건이다. 꾸준한 마음가짐을 유지하는 것과 또 그 마음을 실천으로 옮기는 것이 바로 난제인 것이다.

마음을 다스린다는 것은 과연 어떤 것일까? 마음의 파도가 요동칠 때마다 잘 다독여 평정을 유지하는 것이 공자가 언급한 중용, 즉 마음 다스림인 것인가? 아닐 것이다. 일렁이는 마음을 한두 번 진정시키는 것으로 중용이라 말할 수는 없는 것이다.

매일, 매 순간에 생기는 마음의 변화를 읽고 관觀함으로써 번민의 마음을 다스리는 것, 그리하여 평정심을 이끌어 낼 수 있을 때 바로 중용이라 말할 수 있을 것이다. 또한 마음의 다스림을 우리네 삶에 실천할 수 있을 때에 비로소 충만한 인생을 살아갈 수 있을 것이다.

생활의 갈등과 어려움 같은 난제들이 삶의 장애물이지만 해결이 가능한 것이라고 쉽게 말하고자 하는 것은 아니다. 다만 어렵고 복잡한 길이어도 함께 해결의 방안을 고민할 수 있다고 긍정적 사고를 하자는 것이다.

덧붙여서 마음의 평정에 대한 화두를 던짐으로써, 진정 중요한 것은 평정심이 아닐까? 하는 생각을 함께 했으면 한다. 그래서 우리에게 필요한 것은 어쩌면 매일의 시련에 대처하는 마음 자세의 변화를 가졌으면 하는 것이다. 고난과 시련, 번민을 이겨낼 수 있다는 의지를 재천명할 수 있어야 한다. 혼자 힘으로 어려울 때 다른 이의 도움을 적극적으로 유도하는 태도를 가져야 할 것이다. 또 도움을 필요로 할 때 앞장서 도움을 줄 용기와 배려를 행동으로 익혀야 한다.

　시련에서 희망을 찾아낼 수 있는 긍정적 사고가 필요하다. 실천으로 함께 바꿔나가는 변화를 이끌어 내야 한다. 이런 변화가 있어 세상은 기적을 꽃피우기도 하지 않은가! 내가, 우리가 서로의 기적이 되도록 마음을 써보자.

中庸

제10장

강강하다는 것

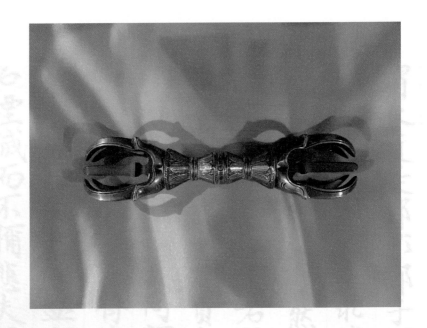

하늘도 그만 지쳐 끝난 고원高原
서릿발 칼날진 그 위에 서다

어데다 무릎을 꿇어야 하나?
한 발 재겨 디딜 곳조차 없다.

이러매 눈감아 생각해 볼 밖에
겨울은 강철로 된 무지갠가 보다.

시 · 이육사, 절정 中

최근 기업 총수들이 물의를 빚고 경영 일선에서 물러나 자숙의 시간을 갖는 일들을 간혹 보게 된다. 이른바 '오너 리스크'에 해당하는 일이다. '오너 리스크'란 최선의 경영을 위해 최선을 다해야 할 책임 있는 자리 혹은 힘 있는 사람이 그 지위를 이용해 '비상식'적 행동을 하고, 이때 발생되는 위험요소 혹은 위험비용을 이야기하는 것이다. 여기에서 주목해야 할 것은 바로 '힘 있는', 그리고 '비상식'이다.

사실 이런 형태의 사건들은 우리 주변에서 자주 접할 정도로 흔한 일상이 되었다. 한때 사회 이슈화된 고위 공무원들의 '국민을 무시하는 발언'이나, 아파트 경비원에 대한 주민들의 '갑질'이 이런 '힘 있는 자들의 비상식적 행동'이다. 일상에서도 점원이나 알바생들을 상대로 '소비'라는 행위를 힘으로 오인해서 행해지는 비상식 소비자들의 횡포가 종종 발생하고 있다. 힘이 있다는 이유로 사람이 사람을 상하로 구분 짓고 함부로 대한다고 하니, 실로 고개를 가로저을 일이 아닐 수 없다.

그런데 과연 '힘 있는'의 범위는 어디까지일까? 최근에는 아파트 '주차' 문제를 두고 사람들 입에 오르내렸던 외제차 주인의 졸렬한 행태가 SNS와 뉴스를 통해 사람들에게 알려졌다. 이를 통해 우리가 생각했던 '힘'의 범위가 얼마만큼 넓게 확장하였는지 가늠이 된다. 즉 '힘'으로 상징되는 '강함'이라는 개념이 지위나 돈 혹은 권력에만 그치지 않고 물건에까지 이르렀구나, 라는 생각이 들어 여간 못마땅한 것이 아니다.

세상에서 이야기하는 '강함'에는 두 종류가 있다고 『중용』에서 이야기하고 있다.

子路 問強 子曰 南方之強與 北方之強與 抑而強與 寬柔
자로 문강 자왈 남방지강여 북방지강여 억이강여 관유

以教 不報無道 南方之強也 君子 居之 衽金革 死而不厭
이교 불보무도 남방지강야 군자 거지 임금혁 사이불염

北方之强也 而强者 居之.
북 방 지 강 야 이 강 자 거 지

자로가 강함에 대해 물으니 공자께서 말씀하셨다.

"남방의 강함을 말하는가, 북방의 강함을 말하는가, 아니면 자네의 강함을 이야기하는가? 너그럽고 부드러움으로 가르치고 무도함으로 보복하지 않는 것은 남방의 강함으로, 군자가 거기에 거한다. 병장기와 갑옷을 깔고 자면서 죽음도 꺼리지 않는 것은 북방의 강함이니, 강하다고 주장하는 사람이 거기에 거한다."

『중용中庸』 제10장 中

군자가 머무르는 강함은 외유내강이라 할 수 있다. 겉으로 보기에는 강한 힘이 느껴지지 않을 정도로 부드러움을 갖고 있으나 화이불류(和而不流: 한편으로 치우치지 않고 조화를 이루어 흐름)의 내면이 존재하고 있어 늘 중용에서 어긋나지 않고 강함을 유지하고 있음을 뜻하는 것이다. 군자의 강함에 대해서는 일반적으로 인정과 수긍의 태도를 보이게 마련이다.

물론 '힘'을 앞세우고 있는 북방의 강함에도 인정과 수긍의 태도가 따른다. 다만 인정 안에는 두려움과 불안이 내재해 있다. 수긍에는 복종이나 회피의 모습이 포함되어 있다.

자신이 갖고 있는 높은 지위, 많은 돈, 권력과 힘 등 다양한 형태의 '강함'을 타인에게 인정받고 싶은 것은 어쩌면 인간이 가진 당연한 욕구이다.

그러나 '인정'의 의미가 '능력을 갖고 있다'이지 '능력을 행사함으로써 폭력이나 위해를 가하는 것에 대한 정당함'은 아니다. 그럼에도 인정 욕구라는 이름으로 '강함'을 행사하려 하고 있다. 이는 북방의 강함에 해당하여 그를 따르거나 인정하는 이의 두려움과 불안, 회피를 초래하기 마련이다.

부처님 가르침의 목표는 하나다. 일체 중생이 생사고해生死苦海의 바다에서 벗어나 해탈의 경지에 이르는 것이다. 그렇다면 자신의 일체 욕망과 번뇌를 없애는 것이 진정한 해탈이며 목적이고 바라는 바인가? 진정 원하는 강强인가? 반드시 그렇지도 않다.

부처님이 당신의 깨달음을 대중에게 말씀하신 이유는 한 가지이다. 중생제도의 대자비이다. 즉 인간의 생주이멸의 연속에서 개인의 해탈은 성취와 강함을 획득하는 것이 아니며, 진정한 성취와 강함은 깨달음을 나에 국한하지 않고 보살의 견지에서 하화중생下和衆生을 목표로 구제를 실천하는 삶이라 생각하시고 중생제도의 길로 한 걸음을 옮기신 것이다. 타인의 고통을 구제함을 목표로 삼아 보시의 삶을 살아가는 것, 즉 홀로 깨달음의 견지를 지니는 것이 아닌, 함께 정진의 길을 걸어가는 것이 진정한 깨달음이며 강함인 것이다.

그런데 우리는 어떻게 살아가고 행동하는 것인가? 내 손에 쥐어진 작은 권력, 명예, 금전으로 인해 '나만 아니면 돼' 식의 '외면'이나 '회피'를 하지는 않는가? 문제 상황을 방조하고 있지는 않는가?

내 손에 지닌 강함에 취해 타인의 고통을 외면하는 것은 진정한 강함이 아니다. 즉 내가 손해를 볼 수 있다는 두려움이 앞섰기에 '강한 자'의 냉혹함, 혹은 '약한 자'들의 나약함을 탓하며 스스로는 변화를 만들지 못한 것이다. 결국 나는 강하지 않은 것이다. 은연중에 '저들의 행동'에 익숙해진 또 다른 나약함인 것이다.

상식의 수준을 벗어나 자신의 뜻과 편의를 위해 사사로이 '힘'을 행사하는 '북방의 강함-갑질'에 대해 바꾸어 나가는 변화가 필요하다. 이제는 바꿀 수 있다. 내가 당하게 될 '부당함'에 대한 불안을 떨쳐내고 이웃의 '부당함'을 더 이상 회피하지 말아야 한다. 이를 행해 나갈 때 비로소 너와 내가 서로 강해지는 공생의 시대를 열어갈 수 있을 것이기 때문이다.

中庸

제11장

후회가 없다는 것이란

노래도 상처도

무채색으로

흐리게 지워진다.

......

살아간다는 것은

오늘도

내가 혼자임을 아는 것이다.

시 · 이외수, 저무는 바다를 머리맡에 걸어두고 中

TV드라마에 종종 등장하는 인물 유형이 있다. 바로 '시크한' 성격의 캐릭터이다. '시크'는 조화, 단순, 지성미를 느끼게 하는 색채를 지칭하는 용어로 주로 도시의 색을 대표하는 무채색을 가리킨다. 색채를 지칭하던 용어가 어느새 패션이나 행동 혹은 감정 상태를 이르는 말로 확장되어 사용되고 있다. 즉 도시적 패션을 의미거나 문제 상황이나 돈, 사랑, 혹은 감정 따위에 연연하지 않는 행위를 '시크'하다고 표현한다. 이런 인물들은 자신의 의사결정과 무관하게 일이 진행되어도 갈등을 일으키지 않는다. 다만 관계없음으로 대처한다. '시크'한 성격의 소유자들에 대해 대중들은

'호감'의 눈빛을 보내거나 혹은 긍정적인 평가를 한다.

'시크'와 비슷하나 조금 다른 캐릭터가 있다. 바로 '아싸'이다. 이는 '아웃사이더'의 줄임말인데 '시크'한 성격과 같이 타인과 얽힌 문제 상황이나 돈 등에는 연연하지 않는다. 그러나 무조건 흘러가는 대로, 혹은 상대가 원하는 대로 문제를 풀어가지도 않는다. 문제해결의 기준이 자기 자신으로 뚜렷하게 드러난다. 비록 주류의 세상에서 한발 물러나 있어 타인과의 관계에 연연하지 않지만 자기만의 생각과 세상으로부터 방해받는 것에 대한 거부감은 크다. 왜냐하면 '아싸'는 자발적 고립을 선택한 사람들이기 때문이다.

나에게는 두 단어가 '초연'하다는 감으로 다가오는데, 젊은 세대에서는 '시크'와 '쿨', '아싸'가 비슷하면서도 각기 쓰임이 다른 것으로 보아 조금 다른 결을 가지고 있는 듯하다.

아무튼 이런 유형의 인물들이 주요 드라마의 중요 캐릭터로 자리 잡고 있다는 것은, 어쩌면 우리네 생각 속에는 세상일에 무관하고 싶거나 혹은 자기 세계의 중요성을 강조하고 싶은 마음이 자리 잡은 것일지도 모른다. 사실 세상과의 거리감을 갖는 인물을 동경하거나 꿈꾸는 것은 오래전부터 있어 왔다.

그러나 이런 인물 유형이 요즘처럼 사람들의 지지를 받고 있는 일은 드물 것이다. 왜 이런 성격들이 요사이 각광을 받고 있는 것일까?

어쩌면 사람들의 마음에서 더 이상 세상사에 대한 관심이 점차 흥미를 잃어가거나 관심을 잃어갈 가능성이 크다. 삶의 무기력증이 점차로 의욕과 관심을 잃어버리게 만드는 것이다. 어느 것 하나 성취를 할 수 없는 상황에 처해 있을 때, 욕구도 관심도 흥미도 의미 없는 것이 되기 때문이다. 세상살이가 팍팍해졌다는 것을 반증하는 예일 것이다.

둘째는 지나치게 경쟁적인 세상살이에서 이리저리 흔들리고 상처받고 아파하는 경험들이 너무 많아서 다시는 그런 아픔을 겪지 않기 위한 방편이 형상화된 것일 수 있다.

삶의 시련과 고단함이야 어느 때건 다 있었다. 그러나 지금은 모든 이에게 할 수 있다는 희망을 주는 동시에 '유리장벽'이라 불리는 눈에 보이지 않는 한계선이 그 존재를 더욱 뚜렷하게 나타내고 있다. 손에 닿을 듯 가까이 있지만 가지지 못한다. 희망고문이다. 이는 담장 밖의 자유를 위해 전기가 흐르는 장벽을 뚫고 나가려는 원숭이가 고압의 전기충격을 받고 탈출을 포기하는 것과 같다. 진입을 허용하지 않는 계층 혹은 권력, 어쩌면 특수 집단의 '희망고문'과 '유리장벽'에 좌절을 학습한 사람이 다친 마음을 보호하기 위한 나름의 자기방어체계를 구축한 것이다.

셋째는 '외톨이' 혹은 '히키코모리(사회생활을 거부하고 장기간 집

안에만 틀어박혀 있는 사람이나 그 상태)'처럼 사회에 부적응하며 오로지 '자기 자신'에만 집중하는 성격일 수 있다. 스스로 사회와 담을 쌓고 외부세계와의 단절된 생활을 하는 삶을 선택한 것이다. 자신의 상황에만 의미를 두고 집중하며 매몰되어 있기에 타인의 생각과 다른 환경과 여러 판단요소들을 못 보는 것일 수 있다. 어쩔 수 없이 세상과의 소통은 어려워질 수밖에 없다.

여러 방면으로 원인과 이유를 생각해 보더라도 소통하기 어려워진 세상과 사회, 사람들과의 관계에 자기 방어적 수단의 한 방편으로 무관심과 단절, 관계에의 초연함을 선택하거나 선호하는 풍조는 안타까운 일이 아닐 수 없다.

사실 지금의 '시크'가 갑자기 나타난 것은 아니다. 옛 사람들의 풍류를 자세히 살펴보면 세상사와 사람과의 관계에 초연함을 높이 평가하는 경향이 있다. 어쩌면 '시크'는 옛 사람들의 '의연함' 혹은 '초연'과 같은 것은 아닐까? 진정한 의연함이란 과연 어떠한 것일까? 『중용』에서의 언급을 통해 살펴보자.

君子 依乎中庸 遯世不見知而不悔 唯聖者 能之.
군자 의호중용 둔세불견지이불회 유성자 능지

군자는 중용에 의거하여 세상을 벗어나서 사람들이 알아주지 않는 상황에 처하더라도 유감이 없으니, 이는 오직 인격적으로 훌륭한 사람만이 할 수 있는 일이다.

『중용中庸』제11장 中

위 문장을 통해 알 수 있듯이 군자 역시 세상에서 벗어나 사람들이 알아주지 않아도 '불회不悔'한다고 언급하고 있다. 즉 아쉬움이 없다는 의미로 초연함을 보인다고 해석할 수 있을 것이다.

그렇다면 군자 역시 '단절' 혹은 '무관심'의 태도로 세상에서 벗어나 살아갔다는 말인가? '세상을 벗어났다'는 것은 과연 어떤 의미인가? 사람과의 관계에 의미를 두지 않는다는 뜻일까? 너와 나의 세상이 따로 있어 더 이상 관여하지 않는다는 의미인 것일까? 아니다.

군자는 세상의 돌아가는 이치를 중용에 의거하여 판단하고 실행하기에 그에 대한 사람들의 이해가 힘들다는 뜻일 뿐이다. 오히려 군자는 세상살이와 밀접하게 연결되어 다양한 관계들과 적극 소통하는 삶을 살고 있는 것이다. 즉 원칙을 바탕으로 관계들과 소통하며 살아간다. 대중의 눈에는 중용을 실천하는 삶을 알 수가 없다. 그렇다 하여도 자신의 큰 도道의 근본 원칙을 지키며 관계 속에서 어울리며 자신의 길을 걸어가는, 다만 홀로 중용을 실현하며 살아간다는 뜻이다.

우리네의 '초연'은, '시크'는 어떠한가? 드라마에 등장하는 인물들은 사람들을 대변해 주는 대변인 역할을 한다고 본다면, 그 인물에 의지해 자기 욕구를 충족하고 대리만족한다는 것이다. 그렇다면 지금 우리가 원하는 삶의 시크는 군자의 불회不悔함과 같은 것인가?

아니다. 현실의 '나'는 전혀 불회하지 못하다. 자기 원칙을 바탕으로 하는 삶을 살아가지도 못할 뿐만 아니라, 모든 행동과 결과에 아쉬움을 갖는다. 전혀 '시크'하지도 못하고 '아싸'하지도 못한 삶의 길을 걸어가고 있다.

일상의 사소한 일들로 근심과 걱정은 나날이 늘어가고 있으며, 주변인과의 관계에 전전긍긍하고 있다. 사랑하는 사람의 눈빛과 말 한마디에 연연하고, 경제적 상황에 초연하지도 못하고 있다. 삶의 원칙을 갖고 흔들리지 않는 길을 걸어가고 싶지만 기준도 도리道理도 그 어느 것도 뚜렷하게 있지 않다. 그야말로 군자의 삶과는 정반대의 길을 걸어가고 있는 셈이다. 그러니 허공에 집을 짓듯이 드라마의 인물을 통해서라도 내 현실을 바꾸어보고 싶은 욕망이 생기는 것이고, '대리만족'을 시켜주는 인물에 호감과 지지가 생기는 것이다.

그러나 드라마 속의 인물은 진정한 의미의 초연의 행동을 보여주고 있지 않다. 원칙 없는 행동들에 다만 상황의 회피나 무시의 행동을 보여 주는 것뿐이다. 이를 '시크'라는 그럴싸한 이름으로 포장하고 있는 것이다. 왜곡된 '초연'을 알아차리지 못하면 세상살이의 팍팍함으로 '단절'의 결과를 가져올지도 모른다. 눈을 떠 바르게 알아차리고 바꿔야 한다.

현실의 나는 군자가 될 수는 없다. 그러나 우리도 '중용'에 의지해 불회不悔할 수 있도록 노력할 수 있지는 않을까? 그렇다면 후회 없는 삶을 살기 위한 필요조건은 무엇일까? 부와 명예, 권력 등 사람에 따라, 또 놓인 처지에 따라 다양한 대답이 있을 수 있다. 그러나 가장 근본적인 것은 바로 마음이다. 마음의 크기와 원칙을 세웠을 때 욕심도 후회도 알아챌 수 있고, 또 그것에서 자유로울 수 있다. 이럴 때에야 비로소 온전한 내 삶을 살아갈 수 있을 것이다.

마음의 그릇을 도道에 의지하여 닦고, 스스로 삶의 지향점을 찾아간다면, 세상살이에서 나를 온전히 알아주는 사람이 적다 해도, 그 길에 알아주는 이가 적다 하더라도 아쉬움이 없지 않을까? 그러니 수행과 중용에 의지하는 삶을 살아봄직하지 않은가!

中庸

●

제12장

인연因緣이라는 것

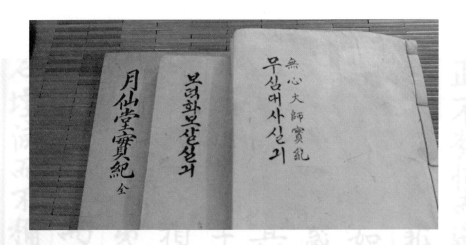

세월이 흘러감에 흰머리가 늘어가네
모두가 떠난다고 여보 내 손을 꼭 잡았소
세월은 그렇게 흘러 여기까지 왔는데
인생은 그렇게 흘러 황혼에 기우는데
다시 못 올 그 먼 길을 어찌 혼자 가려 하오
여기 날 홀로 두고 여보 왜 한마디 말이 없소
여보 안녕히 잘 가시게

김광석, 어느 60대 노부부 이야기 中

노년의 부부가 나란히 좌석에 앉아 있다. 다정히 남편의 귓가에 대고 소곤소곤 이야기하는 모습이 퍽이나 정겨워 보여 저절로 시선이 간다. 보통은 나이가 들어가면서 옷을 입는 모양새가 흐트러진다. 그런 단정치 못한 모습을 볼 때마다 눈살이 찌푸려지기는 어쩔 수 없었는데, 노신사의 말끔히 다려진 바지와 하얀 셔츠를 보니 부인의 깔끔한 성격과 꼼꼼한 솜씨를 엿볼 수 있어 지켜보는 내내 흐뭇했다. 내려야 할 역에 이르러서 조심스레 서로를 챙기는 모습도 참 보기 좋았다. 급할 것 없이 천천히 걸어가는 모습에서 '보기 좋게 나이 드셨구나!' 하는 생각이 들어 저절로 고개를 돌려

다시 보게 되었다.

이렇듯 백년해로를 하는 부부를 보기가 요새는 참 드물어진 듯하다. 현실의 상황이 변화한 것이 가장 큰 이유이다. 지금 젊은이들에게는 더 이상 결혼이 필수가 아닌 시대가 되었다. 자기 의사결정을 통해 결혼에 대한 선택을 미루거나 배제하거나, 경제적·사회적 상황에 치여서 포기하는 경우가 주변에 흔히 있는 일이 되었다. 인생의 중대사가 관혼상제冠婚喪祭였던 옛 삶의 형태에서 점점 멀어져 다른 양상의 삶이 되고 있다.

또 다른 이유로는 설령 결혼을 한다고 해도 혼인생활을 유지하는 것이 점차로 어려워진 상황에 있다. 사실 예나 지금이나 결혼을 유지하는 것에 걸림돌은 늘 도처에 있다. 가정 내에서 발생하는 일상의 작은 다툼이 쌓여 시작부터 삐거덕거렸던 양가와의 불화로 인해, 긴 세월 서로 다른 삶을 살아오면서 축적되어 있던 문화(생각)의 차이들이 불씨가 되는 경우도 허다하다.

그러나 혼인 상태를 유지하려 애쓰던 예전에 비하면 '결혼은 현실'이라고 얘기하면서 이혼하는 일이 비일비재해졌다. 서로의 속내를 다 안다고 장담하며, 죽고 못 살 정도로 사랑해서 한 연애결혼도 파경에 이르는 경우가 허다한데, 하물며 여러 조건을 따지고 고르고 골라 한 중매결혼이야 말할 필요도 없다. '결정은 빠를수록 좋다' 말하며 이혼의 속도도 점차 빨라지고 있다.

중년의 가정도 위기를 겪기는 마찬가지이다. 경제적 곤란뿐만 아니라 자녀양육의 대립 등 상황의 변화와 생각의 변화를 야기하는 다양한 이유로 '황혼 이혼'도 증가추세에 있다. 요사이에는 '결혼을 졸업하는 것', 줄여서 '졸혼'이라는 것이 유행이라고도 한다. 대외적으로는 결혼 상태에 있지만 실질적인 별거 혹은 이혼 상태로, 서로에 대한 의지나 배려 등의 관계를 '마친' 것이다. 이들은 더 이상의 감정적 혹은 관계적 교류를 유지하지 않는다. 이처럼 남과 여가 만나 한 가정을 만들고 유지하는 경우가 드물어진 것이다.

사람이 태어나고 성장해 온 환경은 각각이 완전히 다르다. 그래서 서로 다른 성장 과정을 지닌 성인인 '내'가 서로 다른 경험과 생각을 가진 사람을 만나 호감을 나누는 것은 기적에 가깝다. 또한 이 전혀 다른 양극의 두 사람이 하나의 가정을 이룬다는 것은 많은 사람들의 축복을 받을 만큼 어려운 일이기도 하다.

아흔아홉 구비로 비유되는 인생길에서 우리는 정말 다양한 시련을 마주하게 된다. 이를 겪는 과정에 각자 최선의 선택을 한다. 서로에게 의지해 난제를 해쳐나가는 경우도 있겠지만, 헤어짐도 이 과정에서 어쩔 수 없이 존재하게 되는 것이다. 서로를 원망할 필요가 없다. 다만 그럴 수밖에 없는 것이다. 연然이다. 시절인연時節因緣이 여기까지다 여기며 또 다른 삶의 길을 찾아 순응하며 살아가며 노력하면 된다.

다만 인연이 다한 그때, 스스로에게 질문을 했으면 한다. 나에게 주어진 삶의 길을 걸어가는 데에 동반자 혹은 주변인과 상황에 맞춰 늘 '최선'을 다하였나? 혼인생활을 유지함에 있어 스스로의 기준을 가지고 돌아보는 것, 즉 일상을 '도'에 맞게 살아가려 노력하는 것, 그것이 바로 중용이기 때문이다.

사실 살아가는 데 있어서 중용을 잃지 않고 꾸준히 실천하는 것은 성인군자도 어렵다고 앞서 언급하였다. 하물며 평범한 우리네야 말해 무엇 하겠는가! 보통내기인 우리가 성인군자와 비슷하게 살아갈 수 있는 방법이 한 가지 있다. 이것이 바로 부부로 백년해로를 하는 것이다. 갑작스레 이것이 무슨 말인가? 『중용』을 살펴보면 다음과 같은 언급이 나온다.

夫婦之愚 可以與知焉 及其至也 雖聖人 亦有所不知焉 夫
부부지우 가이여지언 급기지야 수성인 역유소부지언 부

婦之不肖 可以能行焉 及其至也 雖聖人 亦有所不能焉.
부지불초 가이능행언 급기지야 수성인 역유소불능언

평범한 부부의 어리석음으로도 알 수 있지만 그 지극한 데에 이르러서는 비록 성인이라도 알지 못하는 부분이 있으며, 잘나지 못한 보통 부부라도 행할 수 있으나 그 지극한 데에 이르러서는 비록 성인이라도 할 수 없는 바가 있다.

『중용中庸』제12장 中

양과 음, 음과 양이라는 정반대의 극極이 만나 서로의 힘을 다투고 겨룬다. 이 과정에서 조화가 생성되고 태극太極의 운용의 묘를 만들어 가는 것이 바로 자연의 이치, 즉 도道이다. 자연의 원리는 사실 세상사와 동떨어져 있지 않아 모든 만물의 현상에서 이를 알아볼 수 있으며, 이치에 맞는 삶을 살아갈 수 있다고『주역周易』에서는 이야기하고 있다.

이를 근거로 우리네 삶을 살펴보자. 전혀 다른 둘(양과 음, 남과 여)이 만나 삶을 살아가고 있다. 매 순간 힘겨루기를 하고, 소소한 다툼을 하고 있다. 그러면서 작은 행복을 만들어 나가기도 하고, 혹은 숨어 있던 행운이 그들을 반기기도 한다. 남녀가 만나 하나의 가정을 이루고 삶을 살아가는 모습을 통해서 세상의 이치를 발견할 수 있다. 양극의 두 사람이 조화를 이루어 인생의 어느 구비에서, 혹은 삶의 어느 길모퉁이에서 운명처럼 마주치는 좋은 일도, 혹은 힘겨운 일을 이겨내는 것이 바로 자연의 이치를 근본 삼아 중용의 묘를 실천하는 것이리라.

성인도 실천하기 어렵다는 중용이, 서로 다른 남녀가 만나 일상생활의 균형을 만들어 가는 모습이라고 한다면, '백년해로'란 결국

'도'를 실천하는 하나의 모습이지 않을까? 우리네 범인들이 중용을 실천할 수 있는, 평범하지만 진리에 따르는 길인 것이다. 긴 세월 소소한 일상부터 커다란 삶의 고비까지 서로를 보듬으며, 혹은 서로에게 맞춰가며 살아온 부부에게서 배운 '중용'은 실천의 삶이기에, 현재의 행동이기에 우리에게 전해지는 울림이 말과 글보다 크다.

中庸

제13장

건강하려면

천천히 씹어서 공손히 삼켜라

봄에서 여름 지나 가을까지
그 여러 날을 비바람 땡볕으로 익어온 쌀인데

그렇게 허겁지겁 먹어버리면
어느 틈에 고마운 마음이 들겠느냐

사람이 고마운 줄을 모르면
그게 사람이 아닌 거여

시 · 이현주, 밥 먹는 자식에게

불로장생의 꿈을 찾아 동남동녀를 해외로 보냈다는 진시황의 이야기로도 알 수 있듯이, '무병장수'에 대한 인간의 꿈은 그 연원淵源이 오래이다. 특히 노령화 시대로 들어서면서 건강과 관련된 산업이 호황을 누릴 정도로 사람들의 건강과 장수에 대한 관심은 더 높아지고 있다.

그런데 과연 우리들은 지금 무병장수의 삶을 살아가고 있다고 말할 수 있나? 아니라고 단호히 말할 수 있을 것이다. 어쩌면 의료 과학의 발전은 오히려 새로운 질병을 매일같이 발견하여 우리를 질병의 공포로 몰아넣고 있다. 질병의 발견만이 아니다. 지구 반대편에 있는 외국에서 발생한 처음 듣는 풍토병까지 발생된 지 얼마 지나지 않아 수입되고 있는 형편이다. 과학의 발전에도 불구하고 마음 편하게 건강히 오래 살기를 기대하는 것은 어려운 일이 되었다고 볼 수 있다. 무병장수의 염원 때문인가? 혹은 건강염려증 덕분인가? 아이러니하게도 건강보조식품이 날개를 단 듯이 소비량 상위를 차지하고 있다. 그야말로 '병 주고 약 주고'의 시대가 아닌가!

방송매체에서는 매일같이 '식품의 효능'에 대해 실제 사례를 보여 주며 설명해 주고 있으니 믿음이 간다. 잘못된 섭취나 사용법으로 건강을 해치던 예전과는 달리 정확하고 안전한 복용법을 알려주니 국민 모두가 너나없이 '반 의사, 반 약사'가 될 지경에 이를 듯하다. 약국이나 홈쇼핑 등에서 판매되는 건강보조식품의 종류도 나날이 다양해지고 있으며, 섭취의 방법 또한 복용하는 소비자 입장을 고려해 무척 쉽게 개발되고 있다. 편리한 세상이 아닐 수 없다.

특히 우리들에게 익숙한 식품들의 효능에서 머물지 않고 점차 새로운 식품들을 소개하고 있다. 지구 반대편에 사는 사람들도 특효를 보고 먼 나라의 유명 연예인이 이것을 먹고 건강을 회복했다고도 소개한다. 정말 솔깃한 정보가 아닐 수 없다. '건강'에 도움이 된다는 소리에 날개 돋친 듯 판매되는 수입품들의 증가추세가 돋보인다 할 수 있겠다.

그러나 특효에 홀린 마음을 진정하고 곰곰이 생각해 보자. 지병이 있는 사례가 나오는 것도 아니며, 일반화 사례로 보기 어렵다는 문구가 광고에 달려 있는데도 이를 무시하고 수치 변화에 미혹되어 효과가 높은 것으로 추측한다. 병원에서 조제할 수준의 약도 아니고 보조제일 뿐인데, 오로지 건강에 좋을까 하는 작은 기대만으로 다양한 종류의 수입 건강보조식품을 먹어야 하는가에 대한 의문이 생긴다. 건강에 대한 근본적 생각을 해 보아야 할 때이다

우리 몸의 건강은 어떨 때 생기는 것인가? 몸에 좋은 음식을 적당히 섭취하고 바른 방법으로 충분히 운동을 하며, 푹 잘 자고, 시원하게 잘 배설하면 우리의 몸은 자연적으로 건강을 유지하는 탁월한 능력을 발휘한다.

그렇다면 몸에 좋은 음식이란 어떤 것일까? 과학적 분석을 거쳐서 검증된, 몸에 이로운 좋은 성분을 다량으로 함유한 식품을 뜻하는 것이다.

그러나 몸에 좋은 성분이 제아무리 많아도 식품이 신선하지 않다면, 그것은 좋은 음식일 수 없다. 즉 유통과정의 제약으로 인하

여 어쩔 수 없이 농약이나 여러 차례의 가공과정을 거쳐 다양한 화학 보존처리를 해야 하는 식품이라면 아무리 훌륭한 성분이 다량으로 함유되어 있는 것이라도 건강에 도움이 되는 식품이라고 말할 수 없을 것이다.

국내유통을 거쳐 소비자에 전달되는 식품의 경우는 그나마 가공과정이 단순하여 신선도가 유지된다고 볼 수 있다. 그러나 수입과정을 거치는 식품들은 냉장유통이라 하여도 운송기간과 통관기간을 고려해 본다면 신선도가 당연히 떨어질 수밖에 없다. 또한 일부 식품들은 운송기간을 고려하여 여러 단계에 걸쳐 다양한 가공처리 과정을 거치게 된다. 당연히 다량의 화학성분이 사용되었을 것이다. 단지 탁월한 치유능력이 있다는 정보만 가지고 긴 유통기한과 복잡한 가공처리 과정을 거친 수입식품을 섭취할 것인가에 대해서는 보다 신중한 접근이 필요하지 않을까?

무엇이 진정 내 몸에 좋은 것이고 건강을 위한 행동인가에 대해 생각해 볼 필요가 있다. 이와 연관하여 『중용』을 살펴본다면, '진정 중요하게 실행해야 하는 것은 멀리 떨어져 있는 것이 아니다'는 언급을 찾을 수 있다.

子曰 道不遠人 人之爲道而遠人 不可以爲道.
자 왈 도 불 원 인   인 지 위 도 이 원 인   불 가 이 위 도

공자께서 말씀하셨다. "도란 사람에게서 멀리 떨어져 있는 것
이 아니다. 사람이 도를 행한다고 하면서 사람에게서 멀리 떨
어진 일을 한다면 그것은 도라고 할 수 없다."

『중용中庸』제13장 中

굳이 도道를 말하자는 것이 아니다. 바른 신체의 근본인 건강을
지키는 것에 대해 이야기하고 싶은 것이다. 건강의 근원을 찾고자
하여 정작 내 몸의 상태는 살펴보지 않으며, 남의 말에 현혹되어
출처를 알 수 없는 약품을 섭취하고, 민간요법에 의지하며 남의
나라 식품까지 수입하여 먹는 우리의 행태가 과연 건강을 위한 것
일까?

멀리 있는 것이 도가 아니듯, 어쩌면 건강 또한 어렵고 귀한 약
재에 있는 것이 아닐 것이다. 내 몸의 상태를 잘 관觀하고 이에 맞
는 소박하지만 신선한 식재료로 만들어진 따뜻한 한 끼 밥상을 섭
식하는 데서 건강과 도道가 시작된다. 의식동원醫食同原인 것이다.
즉 먹는 것과 약재가 근원이 같음을 알고 보약이 되는 식생활을
하여야 한다. 그렇다 하여 신선한 약재와 음식을 섭취하기 위하여
일상의 생활을 버리고 숲에 들어가 자연인으로 살아가야 하는가?
현실의 삶이 있기에 쉽사리 자연의 삶을 선택할 수는 없다. 그렇
다면 일상에서 우리가 건강을 위해 실천할 수 있는 방법을 생각해

보아야 한다.

최근 신토불이의 영향으로 농·임업 등의 분야에서 생산자 협동조합이라는 새로운 형태의 매장이 생겨나고 있다. 이는 근거리의 지역에서 생산되는 농수산품을 소비자에게 직접 유통하는 형태이다. 이른 새벽 갓 수확한 채소부터 각종 제철 과일과 수제품들이 주를 이룬다. 비록 과일과 채소들이 벌레 먹고 못난이들이어도 우리 땅에서 이웃 농부가 땀 흘려가며 정성스레 가꾼 신선한 식품들이다. 근거리에서 생산되는 유기농의 신선한 제철 과일과 채소, 고기 등 다양한 식재료들로 든든한 한 끼를 챙겨먹을 때, 비로소 건강의 첫걸음이 시작될 것이다.

굳이 애향심에 호소하여 이용을 부탁하지 않아도 이곳에서 판매되는 식품들의 건강함을 고려해 본다면 한 번쯤 가봄직하다. 신선한 재료로 지어진 밥상에서 힘과 건강이 시작되기 때문이다. 한국인의 힘은 밥심이 아니던가!

中庸

제14장

아름답게 산다는 것

가야 할 때가 언제인가를
분명히 알고 가는 이의
뒷모습은 얼마나 아름다운가!

시 · 이형기, 낙화落花 中

지는 노을을 바라보며 누구나 그렇겠지만 세월의 흐름 속에서 나의 발자취가 늘 아름다운 뒷모습이었기를 하는 바람이 생긴다. 모든 이가 그러하듯 늘 만남과 헤어짐을 반복하는 과정에서 나에 대한 아름다운 기억을 가져주길 원한다.

그러나 당연히 모든 이의 기억 속에서 좋은 사람으로 남을 수는 없다. 다만 일말의 바람이 있다면 늘 최선을 다하는 사람으로 기억되어지기를 바란다. 어쩌면 모든 사람이 갖는 희망이 아닐까? 이런 바람은 주로 문화 분야에 종사하는 사람들에게서 두드러지게 나타나고 있다.

간혹 세간의 이목을 집중시켰던 인기 정상 가수의 갑작스러운 은퇴 선언이나 베스트셀러 작가의 절필 선언, 혹은 기량이 최고점에 다다른 시점에 돌연 은퇴를 선언하는 스포츠 스타들이 나타난다. 이와 같이 능력과 인기가 비례관계에 놓여 있는 문화 분야에

서 아름다운 추억으로 간직되고 싶은 바람을 가진 예술인 가운데
는 종종 대중을 떠나는 경우가 있는데, 이를 두고 대중들은 '아름
다운 퇴장'이라 칭하며 떠나는 이에 대한 아쉬움과 결단력을 이야
기하며 오래도록 추억하게 된다.

사실 예술가들은 그저 노래가 좋아서, 예술이, 운동이, 글 쓰는
것이 좋아서 자신의 능력을 세상 밖으로 표현했던 것이다. 세상
밖으로 표현된 모든 작품들이 대중의 관심과 사랑을 받아 인정받
게 되고 또 최고의 자리에 오르게 된다. 그러나 어느 순간, 인기의
허무함을 느끼는 순간, 혹은 관심에 대한 부담을 갖게 되는 때에
실패에 대한 두려움이, 허무함이 마음속에 범람하며 창작의 능력
을 삼켜버리는 것이다.

인기를 얻어 정상을 구가하던 예술가들이 대중의 외면에 대한
불안과 인기의 무상함, 자괴감 등의 심리적 요인으로 인해 종적을
감추는 것이다. 즉 불안과 두려움이라는 괴물이 마음을 집어삼킨
것이다.

그리하여 주어진 재능을 보다 높은 경지로 성장시키고 완숙시
킬 수 있는 기회를 두려움과 불안, 허무라는 마음의 장애로 인해
활동의 마무리라는 예상 밖의 방점을 찍는 것이다. 이런 은퇴라면
'아쉽지만 아름다운 퇴장'이라는 대중들의 생각에 결코 동의할 수
없다. 안타까운 선택이 아닐 수 없다.

사실 '아름다운 퇴장'이 어디 문화계에만 국한된 일이겠는가? 우리는 가족과 친구, 관계와 관계 속에서 늘 인정에 목말라 있다. 그러기에 우리는 제 있는 힘을 다해 노력하며 인정받기에 안간힘을 쓴다. 그러나 인생이 늘 그렇듯 성공만 있는 것은 아니지 않은가! 쓰디쓴 실패는 주변 사람들의 동정과 차가운 시선을 가져온다. 사람들은 여러 이유와 핑계를 대며 결과를 합리화하지만 결국은 실패라는 결과에 대해 외면한다. 그리곤 다시 일어날 생각도, 새로운 시도를 할 꿈도 꾸지 않는다.

　이와 같이 실패에 대한 두려움은 발전의 길에 멈춤을 만들거나 새로운 시도를 포기하는 데에 영향을 미친다. 새로운 도전에의 엄두를 내지 못하는 것이다. 안타깝기 그지없다.

　주어진 삶을 걸어가는 모습은 늘 아쉬움이 없어야 하지 않은가! 그렇다면 아쉬움이 남지 않는 아름다운 삶의 태도와 모습은 어떤 것이어야 할까? 『중용』에서는 삶의 태도에 대해 다음과 같이 설명하고 있다.

故君子 居易俟命 小人 行險以徼幸 子曰 射有似乎君子
고 군 자　거 이 이 사 명　소 인　행 험 이 요 행　자 왈　사 유 사 호 군 자

失諸正鵠 反求諸其身.
실 제 정 곡　반 구 제 기 신

그러므로 군자는 평평한 곳에 거하며 명을 기다리고, 소인은
험한 것을 행하며 요행을 구한다.

공자께서 말씀하셨다.
"활쏘기는 군자와 비슷한 데가 있으니, 정곡에서 벗어나면 돌
이켜서 그 자신에게서 원인을 구한다."

『중용中庸』 제14장 中

모든 일에 임함에 있어 아쉬움을 남기지 않기 위해서는 '진인사
대천명盡人事待天命'의 자세를 견지해야 한다. 인간으로서 할 수 있
는 노력의 끝자락까지 최선을 다할 뿐 결과는 천명天命, 즉 도道에
맡긴다는 뜻이다. 마치 군자의 행함에 있어 순리順理에 맞는가를
지향하고, 천명에 부합한 것인지를 돌이켜 보는 바와 같다. 그렇
기에 군자의 모든 행동에는 요행에 기대거나 성공에 대한 기쁨도,
실패에 대한 시련도 보이지 않는 것이다.
　실패의 두려움은 우리에게 좌절이나 포기를 안겨준다. 그러나
굳이 무상無常함의 이치를 설명하지 않더라도 '공수래공수거空手
來空手去'의 인생에서 어찌 성패成敗라는 현상에 집착하며 사람살
이를 할 것인가! 진정 변하지 않는 진리, 참나(自性)를 찾기 위하여
묵묵히 깨어 있는 삶을 살아가야 하지 않는가! 실패의 두려움과

성공의 희망이 공존하는 미래이기에 묵묵히 삶의 길을 걸어가는 것이 아닌가!

우리의 삶도 이와 같아야 하지 않을까? 아름다운 모습만을 기억해 주기를 바라는 것보다 성공과 인기, 즉 인정과 관심에 연연해하기보다 도와 윤리를 근간으로 하는 순리에 맞는 삶을 살아가도록 노력해야 할 것이다. 삶의 길을 걸어가는 매 순간, 올바른 방향을 찾아 바르게 걷고 있는지, 정신은 늘 깨어 있어 스스로를 돌아보며 이치에 순응하는 태도를 유지할 때 비로소 충만한 삶을 살아갈 수 있으며, 주변인에게 아름다운 기억과 추억으로 남을 수 있을 것이다.

그러기 위하여 나 자신은 매양 변화하는 상황과 감정에 매몰되지 않고 객관적으로 돌아볼 수 있도록 한 걸음 물러설 수 있어야 한다. 그리고 본성(이치)과 순리에 맞는 삶을 살아가야 하며, 노력의 다함에 있어서 미진함은 없는지 늘 반성해야 할 것이다.

도를 근본으로 마지막까지 최선을 다한 자의 당당한 모습, 마음의 어지러움을 가라앉히며 결과를 겸허히 수용하는 자세, 순리에 역행하지 않고 더불어 살아가는 모습이 바로 우리가 지향해야 할 삶의 자세인 것이다.

中庸

제15장

작은 하루를 채우면

오늘 내가 한 편의 시를 쓰고
내일 두 편 모레 세 편 쓴다면
천 일 후엔 천 편의 시를 쓸 수 있을까
그때 나는 말하리라
이 아름다운 땅에 태어나
시간이 흐른다고 써야 할 시들을 쓰지 못한다면
사랑하는 사람들 또한 시간이 흐른다고
사랑한다 말하지 못하잖겠는가

시·곽재구, 천 일이 지나면

국가대표가 곧 금메달이라고 할 만큼 우리나라 주 종목에서 전도유망한 선수로 손꼽히던 어느 운동선수가 대표선발전에서 선수생활을 접어야 할 정도의 끔찍한 부상을 입었다. 지나온 인생과 앞으로의 미래, 그야말로 모든 것을 걸었던 까닭에 뜻하지 않은 부상은 그를 극심한 좌절과 방황으로 이끌었다.

이제는 세월이 지나 당시를 회상하며 담담하게 말하는 그의 모습을 통해 처연함을 느낄 수 있었다. 자기 삶의 모든 것을 잃어버린 그 순간을 당하는 사람들의 마음이 아마 그와 같을 것이다.

자유로웠던 신체가 먹통에 고집불통이 되어 버린다면 얼마나 답답하고 괴롭겠는가! 하물며 운동선수로서 최고의 자리에 있던 사람에게 재활의 과정이 끝없이 이어지니, 언제 끝날지도 모르는 어둡고 좁은 터널을 느리게 통과하는 시련이다. 혹독하게 스스로를 몰아붙여야 하는 엄혹한 자기 수련의 시간이며, 유난히 느리게 지나가는 고통의 순간이며, 끝없는 연장전인 셈이다.

분노와 좌절, 포기의 폭풍과도 같은 감정의 파도가 스스로를 감싸 돌아 제 갈 길을 모르고 흔들리고 있을 때, 붙잡을 수 있는 손을 그에게 불쑥 내민 사람은 바로 유년 시절부터 운동을 지도해 주던 분이라고 했다.

그렇게 다시 제자리로 돌아온 그에게 스승은 또다시 멘토가 되어 새로운 방향을 제시하고 스스로를 단련시킬 수 있게 자극하였다. 또 실낱같은 희망이라도 그 끈을 놓지 않게 독려했다 한다. 재활을 통해 삶의 바다를 항해할 수 있는 정비의 시간을 알려줌과 동시에 삶의 새로운 방향을 제시함으로써 인생 지도를 넓혀나갈 수 있게 해 주었다는 것이다.

우리가 알고 있듯이 일반적인 멘토의 제안과 격려는 늘 이상적이고 희망적인 것들이 대부분이다. 그래서 의례적이고, 구체적이지 못하며, 비현실적이며, 식상하기까지 한다.

그런데 스승의 조언은 남달랐다. 좌절의 순간에 의례적인 희망

메시지를 전달하거나 이상적인 목표점을 제안하지 않았다. 다만 이 선수에게 새롭고 구체적이며, 실천 가능한 인생 항해법을 제안했다. 이는 마치 먼 바다를 나가기 전 내 배의 상황을 알아보고 정확한 항로와 필요한 물품을 구비할 수 있도록 계획을 세우며, 가까운 바다부터 시험 항해를 시키듯이 아주 현실적으로 체계적인 준비를 한 것이다.

예를 들면 하루의 재활의 양과 능력치를 계산하여 한 달의 목표를 정하고 성취하는 것이다. 3개월이 지나 적정한 능력에 도달하면 그 수준에 맞는 대회에 참여해 결과를 확인했다. 일 년 능력 향상에 해당하는 대회를 목표로 설정하여 능력치를 상향조정해 나간다. 이처럼 저 멀리 있는 이상적이고 비현실적인 목표보다 현실적이고 실현 가능한 계획을 실천하게 되면서 능력의 향상은 물론, 성취감과 동시에 희망을 가질 수 있게 되었다고 하였다.

현실과 가까운 작은 계획과 목표의 실현이 쌓이고 쌓여 금메달의 영광으로 돌아왔다고 하면서, 먼 미래의 아름답고 화려한 꿈을 꾸는 것보다 매일의 작은 실천, 가까운 목표와 실현이 자기 자신을 믿고 능력을 키워나가는 데 큰 도움이 된다는 것을 알게 되었다고 한다. 우리가 알고 있는 '천릿길도 한 걸음부터'와 무엇이 다르겠는가!

진실로 우리는 매일의 작은 계획과 실천의 힘이 강력하다는 것을 잘 알고 있다. 그러나 생활 속에서 실천하고 있는지에 대해서는 고개를 가로저을 것이다. 목표와 계획에 대한 우리의 마음과 실천과정을 제대로 활용하고 있는지 점검할 필요가 있다.

내 삶에서 매일의 목표와 작은 실천을 계획하고 실행하고 있는가? 부끄럽지만 그 반대의 경우가 다반사일 것이다. 실례로 현대인의 건강 과제인 금연이나 다이어트를 예로 들 수 있을 것이다. 늘 목표는 한 가지다. '금연' 혹은 '목표 체중 감량'으로 목표는 거창하고 이상적이다. 한 가지를 목표로 돌진하는 방법만 있다. 위대한 목표에 비해 세부계획은 초라하기 그지없다. 금연을 하는 사람은 오늘부터 단번에 '절연'을 할 것이라 선언한다. 다이어트를 선언한 사람도 별반 다르지 않다. 오늘부터 '절식'을 혹은 '단식'을 만인 앞에 선포한다. 그리 마음먹은 이들은 결국 '작심삼일'의 늪에 빠지고 마는 것이다.

이상적이고 원대한 목표를 성취하기 위해서는 나의 성향과 능력치를 객관적으로 알아야 한다. 또 그에 맞춰 쉽고 단계적인 계획을 세워야 성공이라는 행복을 맛볼 수 있는 것이다. 이것이 비단 '금연', '다이어트'에만 해당될 수 있는 말인가! 우리네 삶 전반에 해당되는 것이다.

삶의 목표와 작은 실천에 대해서 『중용』에서는 아래와 같이 이야기하고 있다.

君子之道 辟如行遠必自邇 辟如登高必自卑.
군 자 지 도 　 벽 여 행 원 필 자 이 　 벽 여 등 고 필 자 비

군자의 도는 먼 길을 가려면 반드시 가까운 곳에서부터 시작
하는 것에 비유할 수 있고, 높은 곳으로 가려면 반드시 낮은 데
에서 시작해야 하는 것에 비유할 수 있다.

『중용中庸』제15장 中

유가에서 '수신제가치국평천하修身齊家治國平天下'를 이루기 위
해서 제일 먼저 하는 것은 무엇이던가? 바로 수신修身이다. 증자의
'오일삼성오신吾日三省吾身'처럼 하루의 행동을 살피는 데 있어 자
신의 몸가짐과 마음가짐이 도를 근간으로 이루어졌는지 성찰하고
반성함으로써 도道를 닦고 배우고 행함을 첫걸음으로 하였다. 이
런 과정들이 가정과 사회로 확장되어 이를 성취하였을 때 이상적
목표를 완성할 수 있다고 하였다.

불가라 하여 다르지 않다. '깨달음'이라는 이상의 목표를 얻기
위해 출가한 우리들에게 어느 날 벼락처럼 '성불의 순간'이 찾아
오는 것은 아니다. 먼저 스스로의 마음가짐을 맑게 하고 그 몸을
깨끗이 하며, 매일의 수행을 게을리 하지 않을 때라야 성성한 자
성이 드러나는 것이다. 이에 대해서는 아래의 일화를 통해 여실히
알 수 있다.

그 옛날, 부처님 제자였던 줄리판타카는 아둔하여 모든 대중이

싫어했다고 한다. 이에 부처님께서는 그에게 빗자루 한 자루를 주시고 마당을 청소하라 하셨다. 하루 종일 청소를 하고 거듭 청소하는 일로 마음의 번뇌를 비우고 비운 줄리판타카는 마침내 깨달음을 얻어 아라한과의 성현이 되었다. 매일의 작은 실천과 성취가 큰 결과를 낳는 것이다.

예불과 참선과 보시의 실천을 통해 온 마음과 정성을 다하는 매일의 노력과 수행이 쌓이고 쌓인 후에야 비로소 어느 순간 '천둥 같은 한 소식'이 내게로 찾아오는 것이다. 이는 마치 오체투지를 하고 있는 지금 이 순간, 이 한 번의 절에 집중하여 온전히 채워 나갈 때에라야 백팔 배 혹은 삼천 배에 달할 수 있는 것과 같다.

일상의 소박한 행복을 꿈꾸는 이웃들은 어떻게 삶을 채워 나갈 것인가? 행복을 향한 마음과 실천으로 매일을 작은 성취로 채워 나간다면 진정한 행복과 삶의 의미를 가질 수 있게 될 것이다.

中庸

●

제16장

바보 사랑이란

인생에 있어서 최고의 행복은

우리가

사랑받고 있음을

확신하는 것이다.

빅토르 위고(Victor Hugo)

모두들 입을 모아 경기가 어렵다고 한다. 수출도 생산도 소비도 모두 막혀 제대로 돌아가지 않는다고 한다. 말로만 그러는 것이 아니다. 실물경제를 알려주는 모든 지표들, 예를 들어 실업률은 IMF 이후 역대 최고치에 달하고, 주식도 환율도 부동산도 모두 불안정하다. 삶의 경제적 고단함이 증가일로에 있다. 그런데 찬바람 쌩쌩 부는 얼어붙은 경기에도 호황을 맞이하는 분야가 있다고 한다. 바로 유·아동 대상의 산업이다.

과거에는 형제·자매 혹은 친척들에게서 물려받거나 얻어 쓰는 것을 당연시 여겼다. 그러나 지금은 하나뿐인 귀한 '외동이'에게 남이 쓰던 물건을 입히는 '재활용'은 피하고 싶어 한다. 하여 대를 이어 물려 쓰고, 알음알음으로 얻어 쓰던 이야기는 한낱 옛이야기가 되었다.

유아 관련 상품들도 굉장히 다양해졌다. 옷이나 필수품의 한정된 물품들에서 의·식·주 전반에 걸친 생활용품으로 종류도 범위도 다양화되어 온갖 유아제품이 개발되고 있다. 또한 회사의 판매 전략이 상품에 대한 고가정책高價政策을 유지하고 있어, 기존에 생산된 제품들도 점차 고급화를 지향한다고 한다. 값비싼 유기농 이유식도, 한정판 책가방 세트들도 모두 진열하기 바쁘게 팔려나간다고 한다. 어디 그뿐인가? 고급 유모차 등 명품이라고 알려진 외국 제품들을 수입하여 높은 가격을 책정해 놓아도 날개 돋친 듯이 팔린다고 한다.

외동이 대세인 요즘, '자식'은 그 어떤 것에 견줄 수 없는 소중한 존재이다. 이에 '~바보'를 붙여 자식에 대한 무한한 애정을 표현하는 것이 일견 자랑이 되기도 하였다. 여기에 현실적 판단으로 결혼을 포기하거나 미루는 삼촌, 이모들에 의해 '조카 바보'라는 현상으로 불리는 대리만족 현상으로 애정을 표현하고 있는 것이다. 조부모들도 '손주 바보'로 이 현상에 적극 동참 중이다. 사실 저출산 시대에 아이가 탄생한다는 것만으로도 고마운 일이니 천금인들 아깝지 않으리라. 경쟁적으로 집안의 '꽃'인 아이에 대한 애정을 무한대로 쏟아내니 그 얼마나 사랑이 넘쳐날 것이며, 그 분야 산업은 증가일로에 서 있는 것이 당연한 것이다.

넘쳐나는 물량의 수혜를 받고 풍족하게 자라나는 아이들은 분명 즐겁고 행복하게 성장해야 한다. 그러나 최근 뉴스를 통해 접하는 각종 사건을 보면 우리 사회의 아이들이 꼭 그렇게 행복하지만은 않다.

아동 우울증이 이미 세계 상위 수준에 있으며, 청소년 폭력도 나날이 증가일로에 있다. 특히 청소년 범죄의 경우, 환경적 요인에 의한 단순 모방범죄라 하기에 어려운 '잔혹범죄'도 그 발생률을 높이고 있는 실정이다. 결손가정이나 경제·정서적으로 어려운 가정환경에서 자란 일부 청소년들의 문제행동이라고 치부하기에는, 평범하거나 혹은 물질적으로 풍족한 가정에서 성장한 청소년의 경우가 더 늘어나고 있다.

도대체 우리 아이들에게 어떤 일이 일어나기에 우울과 폭력, 갈등의 극을 내달리고 있는 것인가? 원인의 한 자락은 풍요롭게 자란 아이들의 생활을 살펴보면 찾을 수 있을 것이다.

다양한 장난감과 근사한 옷을 입은 아이들의 그 자그마한 고사리 손에 스마트폰이 꼭 쥐어져 있다. 아이들의 놀고 싶고 만지고 싶은 호기심이라는 욕구의 칭얼거림을 부모와 어른들은 따뜻한 시선과 스킨십으로 어르고 달래기는커녕, 영상이라는 눈속임을 조기교육이라는 아름다운 명분을 붙여 손에 쥐어주는 것이다.

아이들의 다양한 애정 욕구들, 즉 칭얼거림과 짜증, 불안과 의존을 부모들은 불편함으로 읽어낸다. 순한 아이의 모습만 좋아하며 자녀의 귀여운 재롱만 용납한다. 그러기에 시간과 마음 씀씀이가 많이 드는 사랑은 손쉽게 선물로 대체되고 다양한 문화센터와 학원, 과외활동으로 아이들을 내몬다. 부모는 돈과 물질을 쓰며 자녀 교육에 최선을 다하고 있다고 자족하고, 자식은 부모에게 애정 결핍을 느끼게 된다. 부족한 사랑은 사춘기라는 성장기에 문제행동으로 발현되고, 그때부터 부모와 아이들의 갈등과 괴리감은 더욱 심화되는 것이다.

돌아보면 갓난아기 때부터 쏟아 부었던 어른의 관심과 사랑은 소중한 생명에 대한 애정이 아닌, 살아있는 인형에 대한 물질적 관심 표현이 아니었을까? 끝없는 관심과 관계를 유지하기에 모자란 부모들의 자질이 아이와의 심적 거리를 만든 것은 아니었을까? 그렇게 마음 기댈 곳 없이 외로워진 아이들은 또래집단의 가혹한 범죄 속에 내몰리고 있으며, 외딴 방에서 홀로 방치되어 있는 것이다.

온 마을 사람들의 관심과 사랑으로 한 아이가 바르게 성장하는 옛 시대를 따라할 수는 없겠지만, 물질의 대체가 아닌 온 마음, 즉 성심을 다하는 은미한 사랑으로 키워야 아이와 함께 사회도 건강하고 밝은 미래가 이루어질 것이다. 은미한 사랑은 어떤 것인가? 『중용』에서의 은미함을 통해 알아보자.

子曰 鬼神之德 其盛矣乎 視之而弗見 聽之而弗聞 體物而
자왈 귀신지덕 기성의호 시지이불견 청지이불문 체물이

不可遺 使天下之人 齊明盛服 以承祭祀 洋洋乎如在其上
불가유 사천하지인 제명성복 이승제사 양양호여재기상

如在其左右 詩曰 神之格思 不可度思 矧可射思 夫微之顯
여재기좌우 시왈 신지격사 불가도사 신가사사 부미지현

誠之不可揜 如此夫.
성지불가엄 여차부

공자께서 말씀하셨다.

"귀신의 덕은 대단하기도 하다. 귀신이란 형체를 보려고 해도 보이지 않고 들으려고 해도 들리지 아니하지마는 그것은 물건의 본체가 되어 있으므로 버릴 수 없다. 천하의 사람들로 하여금 몸과 마음을 깨끗이 하고 옷을 잘 갖춰 입고서 제사를 받들게 하고서 충만하게 그 위에 존재하는 것도 같고 그 좌우에 있는 것과도 같다. 시경에 말하기를, 신이 오는 것을 다 헤아릴 수 없는데 하물며 꺼릴 수 있겠는가? 이는 대개 은미한 것이 드러남이니 정성스러움을 가릴 수 없는 것이 이와 같구나."

『중용中庸』제16장 中

대개 성誠을 다함에 이르러야 은미함이 나타난다 하였으니, 성이란 큰 도道에 순응하는 자세로 모든 것을 대함에 있어 온 마음을 다해 최선을 다하는 것이다. 좋을 때나 궂을 때, 힘이 들거나 쉬울 때에도 귀찮아하지 않고 마음을 씀에 있어 최선을 다하는 자여야 모름지기 보이지도 들리지도 잡히지도 않는 은미한 부분에서 알아차림이 있을 것이다.

말 못하는 갓난아기를 기르는 데 '어미가 반 무당, 반 의사가 되어야 자식이 아프지 않고 무탈하게 자라날 수 있다'고 옛 어른들이 말씀하셨다. 의사소통으로 또렷이 잡히지 않는 갓난아이의 상태는 끊임없이 살펴보는 것을 통해 성심을 다하는 사랑을 이룰 수 있는 것이다. 또한 내 말을 따르고 귀엽고 예쁠 때만 관심을 두면 안 된다. 지속적으로 살펴보며, 드러나거나 혹은 숨어드는 사랑이 필요하다.

당신의 관심이, 사랑이, 혹은 위로가 필요하다고 온몸으로 아이들이 말할 때 귀찮다 여기지 않고, 물질로 대체하지 말고 부모는 그 마음을 읽고 받아주어야만 한다. 정성의 은미함을 놓치지 않아 아이들의 보이지 않는 아픔, 말하지 않은 슬픔을 알아채야 한다. 마음을 읽고 건강을 읽어 공감과 소통을 이룰 때 애정이 성장할 것이다.

우리의 미래는 아이들의 손에 달려 있다. 내 가정만의 문제가 아닌 우리 사회의 문제이다. 너 나 구별 없이 어른으로서 관심을 기울여 건강한 아이들이 웃는 사회를 만들어 나갈 수 있도록 해야 할 것이다.

中庸

●

제17장

편리와 책임

얼마나 어리석은 일인가

저 바다 언제까지나

잠들어 있으리라 생각했으니

얼마나 황홀한 일인가

저 파도 일제히 일어나

아우성치고 덤벼드는 것 보면

얼마나 신바람 나는 일인가

그 성난 물결 단번에

이 세상의 온갖 더러운 것

씻어 내리라 생각하면

시·신경림, 파도

2010년의 일이다. 유럽의 한 해안가에 죽은 채 발견된 고래가 있었다. 10미터의 길이에 6톤이 넘는 튼튼하고 젊은 수컷 향유고래의 사인을 알아내려 사람들은 부검을 했다. 공식적 사망원인은 복막염이었다. 그런데 놀랍게도 복막염을 일으킨 원인은 바로 고래의 창자와 위장에서 발견된 가방, 그물, 로프 및 제리 캔 등의 플라스틱이었다. 그 무게만 29kg에 달했다고 하니 제아무리 돌도 씹을 청춘이라 한들 그 고통을 이겨낼 수 없었던 것이다.

최근 대서양 연안에서 낚시를 하던 한 사람이 플라스틱 바구니에 몸통이 낀 채 헤어 나오지 못해 위험에 처해 있던 거북을 구한 영상도 있다. 그뿐인가. '거북이의 눈물'이라는 제목의 영상은 호흡곤란으로 사경을 헤매던 거북에 대한 내용이다. 뱃속에서 검은 비닐봉지가 꺼내지는 순간 고통에서 벗어난 기쁨 때문이었을까? 수술대 위에 놓여 있던 거북이 눈물을 흘렸다. 쓰레기로부터의 해방도 잠시, 그 거북은 여전히 생사의 기로에 있다고 했다.

바다의 생물들이 생활쓰레기에 시달리는 것은 비단 먼 나라의 예만 있는 것이 아니다. 최근 우리나라 근해에서 잡아 올린 아귀의 뱃속을 본 뱃사람들은 모두 놀랐다. 갓 잡아 올려 싱싱한 아귀의 뱃속에서 플라스틱 생수병이 통째로 발견되었기 때문이다.

편리함에 사용하고 버려지는 생활용품들이 언제부터인가 자연으로 흘러 들어가고 있다. 도시에서는 더러워진 쓰레기를 줄이자는 명분으로 거리에 쓰레기통이 사라진 지 오래고, 겉으로 봐서는 한결 깨끗해진 세상임에 분명하다. 그렇지만 지구에서 만들어진 것들은 결코 사라질 수 없다. 실상은 쓰레기는 어딘가 은밀한 곳에 쌓이고 있었던 것이다. 그곳이 단지 지금 내 앞에 없다 하여 깨끗한 것인가? 산에 묻고 망망대해에 버리면 그 묻히고 흘러 들어간 쓰레기들이 사라진다는 것인가? 아니다. 이는 마치 세상의 면

지가 바람에 실려 사라져 하늘이 맑아진 듯 느끼는 것이다. 그러나 먼지와 오염된 공기는 지구를 떠날 수 없다. 대기의 흐름을 따라 세상을 돌고 돌아 결국 내 숨으로 들어오는 것과 같다.

지구의 70%를 차지하고 있는, 너무 커서 규모가 가늠이 안 될 정도로 넓고 깊은 바다의 파도에 작은 쓰레기는 모래 알갱이만큼이나 작아 영향이 미미하다고 생각하는 사람들은 자신의 어리석음에 대한 아무런 죄의식 없이 생활물품들을 눈에 보이지 않는 곳으로 은폐한다. 그것들이 냇물로 강으로 흘러 들어가고 있다. 바다로 모여들고 있는 것이다. 한 번 마시고 버린 생수병이 망망대해를 떠돌다 아귀의 뱃속으로 들어간 것이다. 물고기들의 생존을 위협하고 있는 것이다.

물질이나 마음을 쓸 때의 마음가짐과 책임에 대해 『중용』에서는 아래와 같이 이야기하고 있다.

故天之生物 必因其材而篤焉 故栽者 培之 傾者 覆之.
고 천 지 생 물 필 인 기 재 이 독 언 고 재 자 배 지 경 자 복 지

고로 하늘이 사물을 낳을 때에는 반드시 그 능력에 따라서 돈독하게 해 주기 때문에 잘 기르는 자는 북돋아 주고 기울어지는 자는 덮어버린다.

『중용中庸』 제17장 中

『중용』에서의 능력이란 단순히 물질을 사용하여 힘을 얻고 편리함을 얻는 것만을 이야기하는 것은 아니다. 문명을 사용하여 편리함을 누리는 대신, 우리가 함께 책임져야 할 환경·평화·미래에 대한 공동체 의식을 갖고 발생하는 문제에 대해 함께 고민하고 해결해 나가는 책임감을 이야기하는 것이리라.

그러나 우리는 어떠한가? 물질문명의 이기는 제 것인 양 독점하려 하면서 책임은 회피하거나 전가한다.

내 앞에 보이지 않으면 지금 당장은 괜찮다고 생각한다. 자고 일어나 널브러져 있는 이불도, 먹고 남긴 음식물 쓰레기와 설거지들도, 나를 버리고 떠난 연인도, 마음을 괴롭히는 사람도 당장 내 눈앞에서 보이지 않거나 잠깐 사라지면 해결되었다고 생각한다.

그래서 일어나자마자 이부자리를 정리하지 않고, 청소를 게을리 하며, 음식 쓰레기들도 개수대에 쌓아놓고 자리를 피한다. 나태이자 회피이다. 이별의 상황을 온 마음으로 정리하지 않고 마음 한켠에 쌓아둔다. 도피이자 비관이다. 내 안에 있는 미움의 원인을 들여다보고 해결하려 하지 않은 채 상대만을 외면한다. 비난이자 원망이다.

그러나 돌이켜 보면 모든 것이 나로 인해 생긴 결과들이다. 그야말로 생활의 연기緣起인 것이다. 안락한 잠자리를 원한 것이 나였기에 아침에 이부자리를 정리해야 할 결과가 생긴 것이다. 내 식

욕이 생겼기에 음식을 먹고 그 결과 설거지 거리가 생긴 것이다. 내가 상대방의 생각과 가치관을 조절하면서 행동하지 못했기에 이별도 갈등도 발생하는 것이다. 이런 원인을 알고 있는 나는 어떤 행동을 했는가? 쉬운 길을 가고 싶고 책임지지 않고 편리하고 싶은 욕망이 변명과 편의, 나태와 비관을 불러왔다. 순간의 나태가 더러움이라는 결과로, 변명의 유혹이 갈등과 이별이라는 아픔으로 돌아온 것이다.

편리하고자 물질의 이기를 사용하면서 책임지지 않고, 마음의 짐을 덜고자 외면하면서 원인을 해결하지 않으면 바람을 타고 떠돌아다니는 먼지와 같이, 흐르는 강물에 은밀히 떠나보낸 쓰레기처럼 결국 내게로 되돌아온다. 다시 돌아온 이기와 욕망의 결과물들은 그 자리에서 나에게 더 큰 재난으로 다가오고야 마는 것이다. 진실로 두렵다.

문명의 편리함을 인간이 이기적으로 사용하며 결과를 책임지지 않고 외면하면 결국 생활 쓰레기 사이를 헤엄치던 물고기들이 최종적으로는 우리의 식탁에 오르게 되고 내 몸의 일부가 될 것이다. 내 안의 이기를 욕망으로 덮어 고치지 않으면 또 다른 이별과 고통으로 되돌아올 것이다.

게으름과 회피를 핑계 삼아 욕망의 결과물인 물질문명의 역습을 앉아서 받을 것인가? 우리 스스로가 자연과 공존하며 욕망을 조절하는 책임 있는 마음을 지녀야 할 것이다. 조금 덜 가지고 불편하지만 욕망을 조절할 수 있는 소박한 삶, 문명의 이기와 편리에 휘둘리지 않고 스스로의 욕망을 통제하고자 노력하는 모습을 가진다면 자연과 내가 공존할 수 있을 것이다.

中庸

●

제18장

변화의 발걸음에 맞춰

탈피하지 못한 뱀은 죽는다.

괴테

혼자 밥 먹고 생활하는 일본의 '1인 사회화'를 뉴스 등에서 앞다퉈 다루었던 때가 엊그제 같다. 그런데 주위를 살펴보니 우리나라도 바야흐로 '1인 가구'의 시대이다. 혼자 먹고, 혼자 영화를 보고, 혼자 취미를 즐기는 모습을 쉽게 볼 수 있다. 1인을 위한 다양한 식재료와 생활물품들이 마트에 즐비해 있다. 편의시설을 다 갖추고 몸만 들어와 살 수 있도록 설계되어 있는 1인용 주거시설도 증가하고 있다. TV를 틀어도 '1인 가구 관찰 프로그램'부터 시작해서 홀로 여행하며 취미활동을 하고 혼자 식사하는 프로그램들이 넘쳐나고 있다.

불과 몇 해 전만 해도 대가족 속에서 소통과 관계를 맺었던 우리들 삶의 풍경이 급격히 변화한 것이다. 이게 어찌된 것인가? 혼자 사는 삶이 당연한 나에게는 낯설지 않은 '1인 독립'의 시대가 도래한 것이다.

농경사회에서는 당연히 여러 구성원들이 하나의 조직체로 움직이는 것이 경제적이고 효과적이었다. 노동력의 양과 쓰는 방법에 따라 결과가 다르게 나타났던 노동집약 산업인 농업사회에서는 가족의 수와 체계화가 생존과 풍요를 결정지었다. 대가족 체제는 당연한 결과물인 것이다.

가족 체제를 유지 발전시키기 위하여 가족 구성원들을 단속하고 구조를 공고히 하였다. 각종 가족행사들을 통해 그 결속을 다졌다. 또한 각각의 구성원들은 가치이념을 공유함으로써 가족 공동의 목표를 세울 수 있었다. 이러한 일련의 과정 속에서 대가족 제도는 종가나 문중의 형태로 완성되어 더욱 체계화하였으며, 가치를 공유하며 하나가 되었다. 더 나아가서는 국가의 형태가 완성된 것이다.

대가족은 문중 혹은 가문의 큰 어른을 중심으로 중요한 행사가 진행되었으며, 심각한 문제가 발생하면 그를 중심으로 일사분란하게 해결 과정에 돌입하였다. 구성원들은 각자의 분야에서 가문의 위상을 높이기 위한 노력을 하였으며, 결과에 따른 적절한 보상과 지위가 제공되었다. 또한 공유된 이념과 풍습, 유산 등은 종가를 중심으로 전승되어 가치와 형태가 보존될 수 있었다. 그렇게 우리나라의 가족문화는 수천 년을 흘러 내려오며 완성되었다.

유구한 세월 동안 유지되어 오던 대가족제도가 약화되고 독립가구인 '1인 가족' 형태가 증가하는 원인은 뭘까?

진학을 하는 과정에서 일찌감치 독립을 서두르게 된 계기도 있다. 비슷한 이유로 사회에 진출하는 과정에서, 혹은 경제적인 사정으로 인해 혼자 살게 되기도 한다. 또한 개인적인 가정사가 원인으로 작용하여 혼자 사는 가구의 수도 나날이 증가하고 있다.

이처럼 사회의 구조를 변화시키는 여러 요인을 관통하는 근원적 이유를 찾는다면 산업의 변화일 것이다. 더 이상 공동의 노력과 분배가 요구되지 않는 산업사회가 된 것이다. 혼자만의 노력으로도 사회에서 생존할 수 있으며, 노동력의 제공으로 지위와 경제적 보상이 이루어질 수 있다.

대가족의 체계는 1인 가족으로 개편되고 있는 것이다. 그러니 공동의 행사나 이념의 중요성이 떨어질 수밖에 없다. 이처럼 현상이 변화하면 그에 걸맞게 속 내용(정신)도 변해야만 한다. 더 이상 옛 형태 그대로의 공동 이념과 체계를 유지하는 가족의 모습이 될 수 없는 사회가 된 것이다. 보존과 변화에 대한 모색이 필요한 시점이다.

그러나 실상은 조금 다르다. 가치 변화에 대한 욕구와 현상의 변화 간에 속도의 간극이 커다랗게 존재하고 있다. 여전히 명절을 포함한 다양한 행사와 풍습은 존속하고 있고, 가족 내의 종속 관계 유지를 요구하고 있다. 역할분담에 대한 의식도 변화하지 않으며, 가족 혹은 가문에서의 체제유지를 위한 역할론과 가치 공유도 예전의 것들을 답습하며 이야기하고 있다.

예를 들면 가족의 체제를 떠나 외지로 나가 혼자 생활하는 이에게 "취직은 했니?", "결혼은 언제 하니?", "아이는 언제 가질 거니?" 등의 근황에 대한 질문들을 걱정을 담아 물어본다. 그러나 정작 당사자는 걱정과 공감으로 포장된 간섭이라 느끼고 있다. '명절 대화 에티켓'이라는 글이 인터넷에 떠돌 정도로 구성원 당사자 간의 부담과 거부감을 갖게 되면서 갈등과 충돌이 야기되는 양상이다.

또 다른 예를 들면 남성과 여성의 역할에 대한 구습의 공동가치를 강요함으로써 갈등과 대립이 양산되고 있다. 여성의 사회진출이 증가함으로 인해 가족 내의 역할이 변화했음에도 불구하고 가사 역할에 대한 변화는 여전히 답보상태다. 가사 역할은 물론 자녀의 양육, 재테크 등의 가정 전반에 걸친 역할에서도 그러하다. 변화하고 있는 사회에 맞지 않은 가치를 여전히 유지하고 있거나 강요한다. 불통과 강요는 갈등을 야기하기 마련이다. 지금 우리 주변을 돌아보라. 가족 혹은 친족 간의 갈등 양상이 심화되고 있으며 이는 세대 간의 정서적 갈등 격화로 드러나고 있다. 사회적 관계가 불안해지고 있는 것이다.

사회를 구성하고 유지하기 위한 체계의 의미와 가치란 과연 무엇일까? 대대로 전해 오는 전통을 그 형태 그대로 지키고 유지하는 것이 맞는 것인가? 『중용』의 글을 통해 생각해 보자.

子曰 無憂者 其惟文王乎 以王季爲父 以武王爲子 父作之
자왈 무우자 기유문왕호 이왕계위부 이무왕위자 부작지

子述之.
자술지

武王 續太王王季文王之緖 壹戎衣而有天下 身不失天下之
무왕 속태왕왕계문왕지서 일계의이유천하 신불실천하지

顯名尊爲天子 富有四海之内 宗廟饗之 子孫保之.
현명존위천자 부유사해지내 종묘향지 자손보지

공자께서 말씀하셨다.

"아무 근심 없는 사람은 오직 문왕뿐이었을 것이다. 그는 왕계
를 아버지로 하고 무왕을 자식으로 두었으니 아버지는 왕업의
터전을 마련하고, 아들은 그것을 발전시켰다. 무왕이 대왕과
왕계, 문왕의 뒤를 이어 한 번 전쟁을 일으켜 천하를 가지니 몸
은 천하에서 이름이 드러난 것을 잃지 않고, 높기로는 천자가
되었으며, 부유하기로는 사해의 안을 가지셨으니 종묘에서 제
사를 받으시고 자손들을 보호하신다."

『중용中庸』제18장 中

주 문왕은 은나라 말 정치가로서, 은나라 마지막 임금이자 폭군
의 대명사 주왕의 횡포가 심해질 때 자세를 낮추고 때를 기다려
아들 주 무왕이 은나라의 마지막 군주인 주紂를 정벌하고 주周를
건국하는 초석을 다졌다. 아버지가 다져놓은 건국의 길을 아들인

무왕이 이룩하면서 아버지와 할아버지를 왕의 지위로 추대함으로써 자손으로서의 도리를 하였다.

전통이라는 의미가 체제와 뜻을 잇는다는 관점에서 본다면, 주문왕은 기울어가는 나라에 최선을 다했다는 점에서 반대적 인물이다. 그러나 망국의 길로 접어든 은나라의 제후로서 격변의 시기에 흔들리지 않고 자신에게 주어진 조직의 역할을 충실히 이행해 나갔다. 즉 주문왕은 은·주 왕조의 교체기라는 변화의 격랑기라는 시류에 휘말려 변화를 만들지 않았다. 그렇다 하여 변화에 거스르지도 않았다. 다만 격동의 시류에 묵묵히 자신의 위치를 지켜나가면서 새로운 시대와 변화에 맞는 가치이념을 창출하고 이를 지켜나가기 위해 노력하였다. 이러한 역할을 실행함으로써 후대에 자손으로 하여금 건국이라는 성과와 이념의 계승이라는 열매를 쥐어준 것이다. 시대를 이어가되 변화를 이끌었다는 면에서, 어쩌면 전통의 진정한 의미를 실천한 사람이 아닐까 한다.

이는 불가에서도 마찬가지이다. 부처님 생전에 계율과 말씀을 근간으로 수행함이 적절하였던 때와는 달리 부처님 열반 후 시간이 흐름에 따라 이념과 수행이 흐트러지기 시작하였다. 형식화된 계율, 고착화된 이념, 수행의식을 경계하기 위하여 여러 사문들은 1차 결집을 시작으로 법문을 정리하였다. '여시아문如是我聞'의 경구警句를 통해 부처님의 가르침을 잇는다는 점에서 본다면 이념의 계승이 이루어졌다고 볼 수 있다. 또한 시대적 변화에 따라 요구되는 수행의 변형을 계율로 적절히 반영하였다. 이러한 점에서 본다면 전통의 계승이란 고착화된 이념과 형식의 답습이 아닌, 유동적이되 가치지향적인 변혁이 아닐까 한다.

그릇의 모양을 잘 갖추는 것도 중요하다. 그러나 정작 그릇 안이 텅 비어 있다면 그것은 그릇으로의 역할을 다하고 있는 것이 아니다. 사회제도와 구조 역시 그러하다. 형식도 나름의 의미와 가치가 있지만 정신을 담지 못할 때 그 의미가 상실되는 것이다. 그러니 요즘의 우리 사회가 불통의 전통을 계승하는 데에 집중하여 가치의 변화를 따라잡지 못하는 것은 분명 변화해야 할 부분이다.

전통을 지키자는 '미명'하에 변화를 거부하고 있는 것은 아닌지 돌아보아야 한다. 빠르게 달라지는 사람들의 가치와 정서를 제도와 구조가 따라가도록 스스로가 달라지기 위한 노력을 해야 할 것이다.

中庸
●
제19장

'함께'할 수 있도록

밤이면 밤마다 나의 거울을
손바닥으로 발바닥으로 닦아 보자.

그러면 어느 운석隕石 밑으로 홀로 걸어가는
슬픈 사람의 뒷모양이
거울 속에 나타나온다.

시 · 윤동주, 참회록懺悔錄

삶의 어느 모퉁이에서 나의 마지막 모습을 마주할지는 그 순간까지 미지수이다. 그래서 우리들은 누군가의 운명殞命에 대하여 놀람과 불안, 아쉬움, 안타까움의 감정을 갖는다. 특히 그 마지막이 스스로의 결정으로 만들어진 비극이라면 곁에 있으면서 함께 힘든 짐을 나누지 못했다는 자책과 상실이 주는 삶에 대한 허망함이 더해져 마음은 더 허허로워진다.

무엇이 그리 마음에 걸려 손바닥으로 발바닥으로 닦아도 닦아도 지워지지 않을 만큼 마음의 걸림이 되었을까? 홀로 걸어가는 뒷모습을 보면서 끝내 자신을 용서하지 못하고 슬픈 결정을 하는 그 심정이 절로 안타까워 눈물을 짓게 만든다.

한 점 부끄럼 없기를 바라며 살아가지만, 실상은 영 어렵고 힘든 일이 바로 부끄럽지 않은 삶을 살아내는 것이다. 보통의 사람들은 대개 어느 때는 적당히 이유를 대어 융통성을 마련하고, 또 어느 때는 사회가 그렇게 만들었다며 남 탓을 하면서 그리 살아간다. 그러다 마음의 경계에 놓여 위태로운 지경이 되었을 때 주위에서 내민 귀한 도움으로 한번 살아내는 용기를 갖게 되는 것이다.

그러나 최근에는 안타까운 결정으로 마지막을 맞이하는 경우가 점점 늘어나고 있다. 이는 비단 유명인에게만 해당하는 것이 아니다. 예전에 비해서 주위에서 그런 경우가 늘어나고 있는 추세이다. 자살률이 세계 1, 2위를 다툰다는 불명예를 떠안고 있다.

그렇다면 우리들은 속절없이 계속 안타까워만 하고 있어야 할까? 아니다. 걱정과 안타까움의 마음만으로는 천 길 낭떠러지에 위태롭게 서 있는 우리의 이웃들을 도와줄 수 없다. 악화일로의 상황을 개선해 나갈 수 없다.

그렇다면 무엇부터 시작해야 할까? '자살'은 자신이 처한 힘든 상황을 끝내고자 하는 단순한 결정이 아니라 단지 그 '순간'만을 피하고 싶은 절박함의 표현에 지나지 않다는 어느 심리학자의 말을 되새겨 볼 필요가 있다고 생각한다. 극에 달하는 '순간'의 고통, 마음의 어려움을 도와줄 사회의 손길이 간절히 요구된다.

그러나 현재 우리나라는 자살률이 증가일로에 있음에도 불구하고 지금까지 실행되고 있는 대처방법들은 단순하기 그지없었다. 괜찮을 거라는 안일한 위로의 연속과 이웃에게 관심을 호소하는 것이 전부이다. 마치 사후약방문과 같은 소극적인 예방정책이 우리가 갖고 있는 대안의 전부라 해도 과언이 아닐 것이다. 사회제도에 대한 기초적인 변화는 여전히 손도 대지 못하고 있고, 개개인들은 '위기의 지인'을 감정적 공감과 위로로 다독여주면서도 함께 무기력해지고 피로해지며, 더불어 우울해지는 위험에 노출되는 지경에 처해 있다. 답답하기 그지없는 실정이다.

순간을 견디기 어려워 귀한 생명을 포기하는 악순환을 끊기 위해 현재 시행되는 방법 외의 보다 적극적인 변화와 개선이 필요하다.

외로운 선택을 하는 기로에 서 있는 위기의 사람들에게 공감 외의 '순간'을 피할 수 있는 다양한 선택을 제공하여 삶을 계속 살 수 있도록 만들 수 있는 체계적이고 적극적 지원책이 필요하다. 처한 상황에 따른 적절한 개선방안을 알려주는 것만으로도 극단적 선택을 하는 경우가 줄어들 것이라고 생각된다.

또한 단순히 제도가 잘 운영되는 것에 그치지 않고, 시대와 상황에 맞게 바르게 활용되고 창의적으로 발전시킨다면 위에서 언급한 문제들만이 아니라 현재 우리 사회에 극단적으로 나타나고 있는 다양한 갈등들, 예를 들면 세대 간의 갈등이나 갑을로 대변되는 힘에 대한 박탈의식, 분배격차에 대한 반발도 감소할 것이다. 갈등이 줄어들면 자연히 해당 부분에 속하는 사람들의 생각도 변화할 것이다.

그렇다면 구체적으로 어떤 방향으로 구조와 제도의 변화가 이루어져야 할 것인가? 계승과 발전에 대해『중용』에서는 다음과 같이 언급하고 있다. '선계인지지 선술인지사(善繼人之志 善述人之事: 부모의 뜻을 잘 계승하고 부모의 일을 잘 이어받는 것)' 대목을 읽으면서 제도의 수용과 창의적 발전에 대하여 생각해 볼 수 있을 듯하다.

子曰 武王周公 其達孝矣乎 夫孝子 善繼人之志 善述人之
자왈 무왕주공 기달효의호 부효자 선계인지지 선술인지

事者也.
사자야

공자께서 말씀하셨다.
"무왕과 주공은 참으로 지극한 효자였다. 대개 효라는 것은 부모의 뜻을 잘 계승하고 부모의 일을 잘 발전시키는 것이다."

『중용·中庸』 제19장 中

공자께서 흠모하고 따랐던 무왕과 주공의 미덕은 바로 부모의 뜻을 잘 계승하고 그 일을 잘 이어갔다는 것이다. 이는 작게는 가족의 뜻을 받듦으로 해서 구성을 잘 이어갔음이요, 크게는 사회와 국민의 뜻을 경청하고 수용, 적용함으로써 그 제도를 잘 유지하며 발전시켜 갔음을 의미한다고 볼 수 있다.

가족이 아프고 힘들 때 그 마음을 읽고 어루만져주며 위기에서 벗어날 수 있게 도와주는 것과 같이, 국가도 사회 구성원들의 뜻을 수용하고 도움이 될 방향으로 이끌어 갈 수 있어야 할 것이다. 이것이 진정한 의미에서의 예를 계승하되 구습에 얽매이지 않고 창의적인 형태로 발전시켜 우리 삶에 입힘으로써 더불어 살아가고 조화로운 사회를 만들어 가는 데 노력을 한다는 뜻이 아닐까?

서로 마음에 미안함과 부담감을 느끼지 않고 자신의 짐을 나누며 말할 수 있고, 사회가 이를 당연히 여기고 함께 걸어가기를 약속하는 것이야말로 우리가 앞으로 나아가야 할 방향이 아닐까 한다.

中庸

●

제20장

나눔이 필요한 때

눈보라 치는 겨울밤이 없다면

추위 떠는 자의 시린 마음을 무엇으로 헤아리고

내 언 몸을 녹이는 몇 평의 따뜻한 방을 고마워하고

자기를 벗어버린 희망하나 커 나올 수 있겠느냐

시 · 박노해, 겨울사랑 中

　세밑이다. 없는 사람에게는 모든 계절이 힘들겠지만 매서운 삭풍의 추위만큼이나 겨울은 유독 지내기 힘든 고난의 시간이 된다. 다행히 나눔의 실천력인 '구세군 자선냄비의 종소리'가 거리 곳곳에 울려 퍼진다. '사랑의 열매'니 '크리스마스 씰'이니, '불우이웃돕기' 등의 나눔 활동들이 부쩍 잦아지고 있어 힘들고 어려운 사람에게 한 줄기 희망이 되고 있다.

　사실 기부를 하고 싶어도 절차나 유관 기관이 잘 알려지지 않아 방법을 몰라 못하던 때도 있었다. 혹은 기부에 대한 시선의 온도차 때문에 부담스러워 드러내놓고 기부를 하지 못하기도 했다.

　그러나 예전과는 달리 요사이는 기부에 대한 문화도 변화했다. 기부의 방법도 쉽게 알 수 있을 뿐만 아니라 전화 한 통화로, 혹은 핸드폰 문자로도 쉽게 기부할 수 있어 간소화된 방법으로 기부에 참여할 수 있게 되었다. 또 굳이 기부금이 아니라 물건을 사고 적립되는 포인트나 필요한 물품을 사는 행위로도 기부에 참여할 수 있다고 하니 이제 나누고자 하는 마음만 있으면 기부는 귀찮거나 부담스러운 이타행위가 아니게 된 것이다.

기부에 대한 방법이나 편리함은 나날이 늘어나는데, 나눔에 대한 우리의 마음은 점차로 좁아드는 것 같은 생각이 든다.

우리네 삶에 IMF라는 강한 찬바람이 불어왔던 그해부터인가? 편리해진 기부에 비해 나눔의 온기도 잦아들어 마음이 추워졌다. 우리네 마음속에는 '더불어의 삶'이 줄어들었다. 돌이켜 보면 예전의 나눔은 늘 풍족했었던 것 같다. 찬바람이 불어올수록 삶의 온도가 높았었다.

서로가 가난했던 시절, '콩 한 쪽이라도 나누어 먹는다'는 속담을 끌어오지 않더라도 나의 저녁 반찬을 이웃과 나누고, 경조사를 함께하며 서로에게 작은 보탬을 주었다. 정情을 나누었다. 그렇게 우리들은 고민과 기쁨을 '함께'의 마음으로 나누며 '보릿고개'를 건너왔다. '산업발전'의 시대를 이룩해 왔다. 나라의 어둠인 국가부도를 겪을 때, 함께 아파하며 나라를 살리기 위해 '금 모으기 운동'에 동참했었다. 그렇게 혼자가 아닌 우리로서 있었다. 그러나 우리는 지금 어떠한가?

곽곽한 우리네 삶을 대변해 주듯이 경기불황의 지표들은 하향

세를 지속하고 있다. 나눔의 대표격인 '사랑의 온도탑'은 안타깝게도 목표금액을 달성하기 어려워지고 있다. '함께'의 공동체 나눔이 갈수록 줄어드는 형편에 있다. 차갑고도 슬픈 현실이 아닐 수 없다.

나눔이 부재한 혼자만의 삶이란 있을 수 없다. 완벽한 군자의 삶도 소인小人들과 더불어 있을 때라야 그 가치가 높아지며 의미 있는 삶일 수 있는 것이다.

과연 군자는 어찌 살아가는가? 군자의 삶이란 수신修身이다. 수신이란 어떤 것인가? 오로지 하늘의 이치를 알고자 목표하고 실천하는 것인가? 수신하기 위하여 혼자 있을 때에도 신독愼獨을 할 수 있어야만 한다. 도리에 벗어나지 않도록 늘 중용을 생각에서 놓지 않고 생각과 실천을 함께 삼간다.

그렇다면 오롯이 혼자만의 삶, 즉 주위를 돌아보지 않고 자기 생각과 행동에서의 중용 실천만을 가꿔가며 사는 삶이 올바른 수신인가? 그렇지 않다. 『중용』에서는 이에 대해 아래와 같이 이야기하였다.

故君子 不可以不修身 思修身 不可以不事親 思事親 不可
고군자 불가이불수신 사수신 불가이불사친 사사친 불가

以不如人 思知人 不可以不知天.
이불여인 사지인 불가이불지천

그러므로 군자는 수신을 하지 않을 수 없는데, 수신을 하고자
하면 부모를 섬기지 않아서는 안 된다. 부모를 섬기려 할 때에
는 다른 사람을 알지 않아서는 안 된다. 다른 사람을 알고자 할
때에는 하늘을 알지 못해서는 안 된다.

『중용中庸』 제20장 中

하늘의 이치를 알기 위해 수신修身을 하는 군자는 늘 자신을 갈
고 닦는다. 이를 위해 홀로 수신을 하는가? 그렇지 않다. 수신을
하기 위해서 반드시 부모를 섬겨야 한다. 이웃을 돌보는 삶을 살
아야 한다. 그래야만 하늘을 알고 도를 알게 되는 것이다. 수행하
는 삶과 하늘의 이치가 서로 다른 것이 아니라 하나라는 뜻이다.

불교도 마찬가지이다. 출가를 할 때에는 '자성'을 깨달아 윤회의
고통에서 벗어나고자 하는 큰 결심을 갖고 출가를 한다. 그러나
자성을 깨달았다 해서 올바른 깨달음을 가졌다고 말할 수는 없다.
수행으로 인해 올바른 깨달음을 얻었다면 이를 중생과 함께 나누
어야 한다.

석가모니 부처님이 그러하셨던 바와 같이 삶의 고해라는 큰 바
다를 중생과 함께 건너기 위한 노력을 해야 한다. 깨달아도, 혹은
아직 깨닫지 못했어도 반드시 보시를 함께 실천해야 한다. 그래서
육바라밀의 첫 번째 덕목이 바로 보시인 것이다.

수행자는 마땅히 자리自利의 삶인 상구보리上求菩提, 즉 정진과 지혜, 선정을 위한 수행을 실천해야 한다. 이와 더불어 이타利他의 삶인 보시, 지계, 인욕을 행하여야 한다. 하화중생下化衆生하는 실천이 있어야 비로소 수행의 완성이라 할 수 있는 것이다. 혼자의 수행이 아닌 함께의 삶이 진정한 깨달음인 것이다.

지금 우리는 이웃이 누구인지 모른 채 낯선 타인들로 가득한 도시에서 혼자 살아가고 있다. 타인의 삶에 관심과 배려가 사라진 지 오래다. 혼자서는 멀리 갈 수 있지만, 함께 가면 오래 갈 수 있다. 함께 걸어감으로써 진정한 깨달음을 찾아가는 선택을 해 보자.

中庸

제21장

생각보다 행동을

산이 날 것을 미리 알고 사람들이 달아나면

언제나 사람보다 앞서 가다가도

고달프면 쉬란 듯이 정답게 서서

사람이 오기를 기다려 같이 간다

산은 양지바른 쪽에 사람을 묻고

높은 꼭대기에 신을 뫼신다

시 · 김광섭, 산 中

오늘도 결석이다. 그저 땀 흘리는 것과 힘에 부치는 능선을 고민했어도 언제나 당연히 오르던 산행이었다. 그런데 찬바람이 불기 시작하면서 꾀가 늘더니 이런저런 핑곗거리가 스멀스멀 올라오기 시작했다. 산을 오르는 것에 부담을 갖게 된 것이다.

생각은 감정이나 마음에만 영향을 미치는 것이 아니다. 몸을 잠식한 생각은 나를 하루 이틀 요령 피우게 만들고, 날씨를 핑계 삼아, 몸살을 이유 삼아 능장을 부리게 만들었다. 그러다 결국 등산을 결석하고 있는 것이다. 그동안의 노력을 비웃기라도 하듯이 게으름이라는 최강의 습꽙이 나타나게 된 것이다.

더 이상 이런 핑계는 안 되겠다는 생각과 게으름을 피우는 나를 혼내기라도 할 요량으로 단단히 마음을 먹었다. 날이 흐릿하니 눈발이 조금씩 흩날리기 시작해서 걱정이 조금 되었지만, 마음을 다잡듯이 등산화 끈을 질끈 동여매고 평소보다 긴 코스의 산행을 나섰다.

결연한 마음과는 달리 몸은 달콤한 게으름에 익숙해져 있어 발걸음을 한 발 한 발 옮기는 것이 천근같이 무겁기 그지없다. 꾀부리는 마음을 때로는 질책하고 때로는 다독이면서 들어선 산의 초입은 어느새 마른 낙엽으로 덮여 있었다.

내가 핑계를 대며 시간을 쉬이 보내는 사이 산은 아름답게 물들었던 단풍을 과감히 떨쳐버리고 앙상한 나뭇가지만 남아 있었다. 마른 흙에도 성에가 내렸다. 바스락 부서지는 흙을 밟으며 성큼 다가온 겨울을 느낄 수 있었다. 그렇게 산은 겨울을 맞이하는 준비로 한창이었다. 자연은 그렇게 누가 시키지 않아도 묵묵히 자기 자리에서 제 할 일을 하고 있는 것이다.

낯익은 초입을 지나며 눈(雪) 기운을 머금은 겨울바람을 맞다 보니 어느새 몸도 마음도 청량해지는 것이 느껴졌다. 낯익은 산길을 터벅터벅 걸어 올라가면서 무거워진 발걸음과 거칠어지는 숨소리를 느끼다 보니, 며칠 동안의 게으름이 크게 다가왔다.

조금씩 흩날리던 눈발이 굵어지더니 어느새 함박눈이 되었다. 소복이 쌓여가는 눈길을 사박사박 걸으니 마음이 풍요로워진다.

어느덧 중턱을 지나 내 발자취를 돌아보고 산 아래를 내려다보니 단풍이 떨어지고 난 뒤, 산은 제 본모습을 보여 주고 있었다. 속살을 내보이는 산이 춥게 느껴졌는지 따뜻한 눈송이가 살포시 나무와 바위를 덮어주고 있었다. 아름다운 풍광을 바라보고 있노라니 절로 금풍金風이 다녀간 후 제 본체를 내보여 주는 자연의 이치를 다시금 절감하게 되어 속으로 몇 번이고 체로금풍體露金風을 되뇌었다.

돌아오는 길에 내가 가졌던 걱정들이 하나둘 떠올랐다. 계절이 바뀌어 추워진 날씨에 고뿔이나 걸리지는 않을까? 혹여 쌓인 낙엽 더미를 잘못 디뎌 다치지나 않을까? 가지도 않고 보지도 않은 눈 쌓인 길을 머릿속으로 데려다 놓고 앞질러 했던 모든 생각들은 기우에 불과했다. 핑계였다. 게으름이라는 녀석이 부린 주술에 걸려 결석이라는 불성실의 결과를 가져왔다. 그사이 나는 산행이 주는 즐거움과 여유를 놓치고 있었던 것이다.

산은 늘 그 자리에서 자연의 변화와 그 이치를 보여 주고 있는데 나의 생각과 게으름으로 그것을 놓치고 있었다. 게으름을 피우려는 나를 꾸짖으며 꾸준히 성실했다면 산의 가르침을 빼먹지 않았을 것이다. 혹은 자연의 이치를 확인하려는 마음으로 산행을 꾸준히 실천했다면 가르침에 대한 생각이 더욱 깊어졌을 것이다. 안타까울 수밖에.

아쉬움을 한편에 두고 생각해 보니, 이치理致와 성실의 관계는 이렇듯 불가분의 관계이다. 이에 대해 『중용』에서는 아래와 같이 이야기한다.

自誠明 謂之性 自明誠 謂之敎 誠則明矣 明則誠矣.
자 성 명 위 지 성   자 명 성 위 지 교 성 즉 명 의   명 즉 성 의

성실함에 말미암아 밝아지는 것을 성이라 하고, 밝음에 말미
암아 성실해지는 것을 교육이라 하니 성실하면 곧 밝아지고,
밝으면 곧 성실해진다.

『중용中庸』제21장 中

성誠이란 말한 바(言)를 이루(成)기 위하여 하는 행동으로 꾸준한 실천, 즉 성실함을 뜻하는 것이다. 말한 바와 실천하는 바를 꾸준히 함으로 인해 비로소 본성(性)을 자각하고, 이를 앎으로써 생각이 밝아져 다시 실천이 성실해질 수 있는 것이다.

혹은 본성에 대한 이해를 먼저 알게 됨으로써 실행에 있어 꾸준함을 가져온다면 이 또한 성性의 자각과 성실의 순환으로 완성될 수 있다. 이것이 바로 교육(敎)인 것이다.

불가에서도 마찬가지이다. 앎과 수행이 다른 것이 아니고 하나의 순환 고리로 이루어질 때 온전한 자성自性을 이룰 수 있다. 깨달음을 얻었다 하여 그 즉시로 자성이 완성되었다 이를 수 없는

것이다. 삶 속에서, 수행 속에서, 대중들 속에서 스스로가 깨달은 바를 녹여내어 적용하고 실천해 나갈 때 비로소 자성의 완성이라 할 수 있는 것이다.

이는 마치 보리수 아래서 깨달음을 얻으신 부처님이 이에 멈추지 않고, 녹야원에서 5비구와 60인의 출가자와 재가자들에게 가르침을 주심으로써 삶 속에서 교화와 수행을 함께 완성시킨 것과 같다고 볼 수 있다. 비난하는 자와 칭송하는 자의 구별 없이, 날씨와 상황에 관계없이 성실히 수행과 가르침을 이끄셨다. 깨달은 자의 모습을 삶 속에서 보이심으로써 수행의 모범을 가르치셨으며, 동시에 자성의 완성을 이루신 것이라고 생각한다.

깨달음에는 왕도王道가 없다. 다만 몸에 배어 있는 습꿜을 이기고, 가르침을 향하여 성실하게 수행해 나가는 것만이 왕도라 할 수 있을 것이다. 일상 속에서 나태해질 수 있는 자신을 이겨내며, 자성을 찾아 한 걸음씩 성실하게 정진하자.

中庸

제22장

내 안의 꽃을 피우려면

흔들리지 않고 피는 꽃이 어디 있으랴.

이 세상 그 어떤 아름다운 꽃들도

다 흔들리면서 피었나니

흔들리면서 줄기를 곧게 세웠나니

흔들리지 않고 가는 사람이 어디 있으랴.

시·도종환, 흔들리며 피는 꽃 中

　작은 바람의 숨결에도 꽃은 쉽사리 흔들린다. 그저 지나가는 이의 의미 없는 거친 걸음이 일으킨 먼지바람에도 꽃은 온몸을 다해 흔들린다. 미동조차 없을 안개에 휩싸였을 때조차도 어김없이 흔들리고야 만다.

　우리네 삶도 꼭 그러하지 않은가? 무던히 흘러가는 일상 속, 매 순간에도 나를 둘러싼 작은 시선들, 흘러가는 거친 말들, 비난의 몸짓들이 바람이 되어, 또 때로는 태풍이 되어 잔잔히 살아가고자 노력하는 나의 마음을 무참히 흔들어 놓는다.

　격정에 시달리는 내 마음에는 거친 감정의 물결이 일렁이고 쉴 없이 일어나는 생각들과 고민은 수렁과 늪이 되어 무던하고 평범하던 일상을 매몰시켜 버린다. 단언컨대 휩쓸리지 않으려 최선을 다할수록 더 큰 파도가 되어 나를 덮어버리고야 만다. 근본적 문제를 생각하기도 전에 감정의 격랑 속에서 나를 잃어버리게 되고야 마는 것이다.

그런데 작은 감정에 흔들려 길을 잃어버리는 우리네와는 달리 꽃은 모든 찰나刹那의 시련을 견뎌내면서도 스스로 피어난다. 제 본분을 잊지 않고 씨앗에서 싹을 틔우고, 줄기를 세워 마침내 자기가 가진 본연의 색을 찬란하게 드러낸다. 제 본성의 아름다움을 피우는 것이다.

어찌 꽃뿐이겠는가? 자연 만물이 모두 그러하다. 모든 순간 찾아오는 시련에도 굴하지 않고 원래 지닌 아름다움을 드러내고자 노력하는 것이다. 이것이 바로 자연의 이치, 즉 자성自性에 다르지 않다. 순리에 따라 자신의 지닌 바를 꽃 피워내는 것에 대해, 『중용』에서는 진기성盡其性이라 지칭하며 다음과 같이 설명하고 있다.

惟 天下至誠 爲能盡其性 能盡其性則能盡人之性 能盡人之
유 천 하 지 성　위 능 진 기 성　능 진 기 성 즉 능 진 인 지 성　능 진 인 지

性則能盡物之性 能盡物之 性則可以贊天地之化育 可以贊
성 즉 능 진 물 지 성　능 진 물 지　성 즉 가 이 찬 천 지 지 화 육　가 이 찬

天地之化育則可以與天地參矣.
천 지 지 화 육 즉 가 이 여 천 지 참 의

오직 천하의 지극히 성실한 자여야 자신의 본성을 완전히 할 수 있다. 자신의 본성을 완전히 할 수 있으면 타인의 본성도 완전하게 이해할 수 있다. 타인의 본성을 완전히 알 수 있으면 사물의 본성도 다 알 수 있다. 사물의 본성까지 다 알 수 있으면 천지의 화육을 도울 수 있다. 천지의 화육을 도울 수 있으면 천지와 같은 자리에 설 수 있다.

『중용中庸』 제22장 中

꽃은 찬란히 피어나 열매를 맺는 생의 목표를 갖고, 물건은 제 쓰임에 맞는 소용을 다하는 것으로 목표를 갖는다. 타고난 자리에서 제 본성本性을 다하여 꽃을 피우고 열매를 맺음으로써 스스로의 생의 목표를 다 이룬 것이다. 바로 진기성盡其性이다. 그렇다면 나의 진기성은 무엇일까? 타고난 목표와 마지막은 어떤 모습인지에 대하여 의문을 갖고 해답을 구하려 노력해야 한다. 찾아낸 해답으로 그 최선을 다할 때 나는 이번 생을 보람차게 살았다고 할 수 있다. 진기성을 이룬 것이다. 당신은 어떤 삶의 목표를 갖고 이 생에 왔을까? 당신에게 주어진 본성을 다한다는 것은 과연 어떤 의미이고, 무엇을 향해 나아가고 있는가?

나를 미혹하고 있는 수많은 생각과 현상들이 결코 내 삶에 주어진 본연의 목표는 아닐 것이다. 각 개인의 삶에는 그만의 목표가 주어진다. 그리고 목표로 가는 그 길은 오로지 나만이 만들 수 있다. 삶의 길에, 수행의 길에 마음을 흔들리게 하는 작은 유혹들을 직시하여 흔들리는 마음을 다잡고 우직하게 내게 주어진 지향점을 찾아 본성을 찾아 걸어 나아가야 한다. 그러기 위해서 나는 바로 지금 이 자리에서, 매 순간에, 모든 것에 한 숨결 흐트러짐 없이 집중하여야 할 것이다.

매 순간 사념에 흔들리는 나를 잡아 주고 본성으로 이끌어 도道의 근저에 다다를 수 있게 해 주는 바로 그것이 진기성인 것이다.

비바람에, 또는 작은 한숨에 흔들려도 자기 자리를 지키며 성실함을 다해 본성을 피우는 꽃처럼 우리도 미련했던 과거의 작은 후회가 또는 거친 세상의 바람이 몰아쳐 나를 흔들어도, 칼날 같은 말이 가슴에 와 박혀도, 차가운 시선에 움츠러들어도 끊임없이 수행의 길을 걸으며 그 성실함을 다하여 우리의 본성을 피우도록 하자.

中庸

제23장

변화의 첫걸음, 간절함

基次 致曲 曲能有誠 誠則形 形則著 著則明 明則動 動則
기차 치곡 곡능유성 성즉형 형즉저 저즉명 명즉동 동즉

變 變則化 唯天下至誠 爲能化.
변 변즉화 유천하지성 위능화

그 다음은 곡진함을 이루는 것이다. 곡진하면 정성스러울 수
있고, 정성스러우면 나타나고, 나타나면 드러나고, 드러나면
밝아지고, 밝아지면 움직이고, 움직이면 변하고, 변하면 화한
다. 오직 천하의 지극히 성실한 자만이 화를 이룰 수 있다.

『중용中庸』제23장 中

때와 관계없이 늘 세상살이는 위험했고 어지럽고 혼탁했다. 있
고 없음의 분별은 삶의 질을 차등지웠다. 변화를 꿈꾸지 않은 사
람이 어디 있으랴만, 가진 것이 적고 배움이 짧고 힘이 없는 사람
들에게는 그 꿈이 항상 간절했다.

부정부패에 찌든 권력과 쾌락에 물든 문화는 변화의 전조증상
으로 늘 이야기되었고, 힘든 삶에 지친 사람들은 시대의 요구에
부응한 영웅, 절실한 생각을 실천으로 옮길 줄 아는 사람을 절실
히 요구했다.

영웅, 그는 시대의 흐름을 알고, 기상을 드높이며, 변화를 꿈꾸

는 대중의 요구에 부응할 수 있는, 개혁의 큰 뜻을 실천하는 용기와 행동력을 보여 주었다. 생의 힘겨운 무게를 견디며 버티는 사람들은 세상의 흐름을 읽을 수 있는 사람, 지치고 힘든 삶을 구해 줄 사람의 등장을 간절히 바랐다. 그렇게 내 삶의 무게가 덜어지길, 그래서 내 자식들은 나보다 나아진 세상에서 살아가며 행복하기를 꿈꾼 것이다.

그런데 곰곰이 생각하면, 삶이라는 무게를 짊어진 사람도 나이고, 나아진 세상을 살아갈 아이들도 결국 나의 자손이다. 그런데 왜 사람들은 다만 변화에 대한 생각의 단계에서 멈추어 서 있는가? 스스로가 행동으로 실천하기보다는 다른 이의 용기와 실천을 요구하고 부추기는가?

정작 세상의 변혁을, 삶을 살아가고 있는 우리가 만들어낼 수 없는 것일까? 나는 충분히 할 수 있다고 생각한다. 우리들 모두가 주체가 되어 세상의 개혁을 이끌어 낼 수 있는 것이다. 그렇다면 과연 변화는 어떻게 만들 수 있을까? 변화란 어떤 과정을 통해서 생기는 것이며, 과연 누가 만들어낼 수 있는 것인지를 먼저 생각해 보자.

글의 서두에 적힌 『중용』 제23장을 살펴보면, 변화의 단계를 연역적으로 설명하고 있다. 글은 먼저 곡진함을 말하고 있다.

곡진曲盡함이란 무엇인가? 바로 간곡하게 정성을 다한다는 말이다. 마음과 정성에 모자람과 아쉬움을 남기지 않고 그 끝을 다함을 이른다. 무엇을 향한 지극함인가? 바로 본성으로 돌아가고자 하는 의지이다. 본성(道)을 알고 본성으로 돌아가고자 하는 목표를 가진 후, 그 목표에 한 점 미진함이 없이 제 능력의 마지막 한 방울까지 제 마음의 작은 공간까지 다함을 이르는 말이다.

『중용』에서는 본성으로 돌아가고자 하는 마음이 지극하면 성誠으로 나타난다고 설명하고 있다. 곧 성실하게 매 순간을 꾸준한 노력으로 채우는 그 과정의 곡진함이 먼저 있다. 그 후에 성실함으로 차오른 스스로는 변화의 기본을 갖추어 형태를 변화하게 만들고, 이를 바탕으로 뜻이 드러나고, 세상을 밝히며, 점차로 변해가다 종국終局에는 질적인 개혁을 이루게 된다.

중용에서 간곡함의 목표는 무엇인가? 변화의 목적은 어떤 것인가? 바로 자연의 이치인 본성으로 돌아가는 것이다. 중용의 묘미를 살려 극으로 치닫지 않고 본성을 드러내어 삶에 적용할 수 있는 군자의 삶을 목표한다고 볼 수 있다.

선조들의 삶의 목표가 군자였다면, 현재를 살아가는 우리의 목표는 무엇인가? 개성이 뚜렷하고 삶의 경계와 다양성이 폭넓어진 현대사회에서 개개인의 삶의 목표를 획일화로 특정 지을 수 없다. 그러니 일반화된 기준을 고민하지 말고 지금 당장 내게 필요한 목표를 정해 보자. 그것이 삶의 단면이어도 상관없다. 다만 얼마만큼의 절실함이 있는가에 대한 고민이 요구될 뿐이다.

아주 미미한 것이어도 상관없다. 지극한 목표가 생겼다면 당장 성실히 실천을 해 보자. '천릿길도 한 걸음부터'라고 하지 않는가! 한 걸음씩 걷다 보면 어느새 천 리에 도달하는 것처럼, 한 번의 실천이 매일로 이어진다면 이미 나는 곡진함을 지나고 성실을 거쳐 조금씩 목표점이 내게로 다가오고 있음을 알 것이다. 변화된 나의 모습을 발견할 수 있을 것이다.

일례를 들어보자. 깨달음으로 가는 길은 수행자의 수만큼이나 다양하다. 혼자 수행하는 이가 있으며, 단체에 소속되어 수행하는 이도 있다. 또한 염불수행, 108배 수행, 선 수행, 보시행, 학문 정진 등 그 방법도 여러 갈래의 길로 존재한다. 내가 옳고 네가 그르다 구분하지 말자. 진정 중요한 것은 다양성도 단일성도 아니기 때문이다.

우리에게는 상구보리上求菩提 하화중생下化衆生의 서원을 이루고자 하는 지극함, 즉 곡진함과 간절함이 필요하다. 내 삶의 수행에 있어 변화를 이끌어 낼 만큼의 간절함을 가져보자. 그로 인해 매일의 수행을 이어갈 수 있는 성실함을 갖출 수 있을 것이다.

처음에 먹은 그 마음, 간절함이 결국 우리 모두가 깨달음의 큰 서원을 이룰 수 있는 밑거름인 것이다. 나의 초발심初發心은 지금 어디에 있는가?

中庸
●
제24장

예언豫言이란?

별이 빛나는 창공蒼空을 보고, 갈 수가 있고
또 가야만 하는 길의 지도地圖를 읽을 수 있던 시대時代는
얼마나 행복幸福했던가?
그리고 별빛이 그 길을 훤히 밝혀 주던 시대는
얼마나 행복했던가?

게오르그 루카치, 소설의 이론 中

　익숙하게 지나다니던 길에서 낯선 점집이 눈에 들어왔다. 무심결에 다녀서인지 오래도록 알아보지 못하고 그저 지나쳤던 것이다. 그런데 한번 눈에 들어오니 몇 걸음 지나지 않아 운세나 미래를 알려주는 곳이 즐비하게 자리 잡고 있는 것이 보였다. 이리 많은 운세집이 있었다니! 낯설기도 하고 놀랍기도 했다.

　당장 한 시간 뒤에 어떤 일이 벌어질지 모르는 우리네 삶에서 미래가 궁금하지 않은 이가 어디 있을까? 그래서 새해가 다가오면 한 해의 운세를 알고자 문턱이 닳도록 점집을 찾아다닌다. 시험이나 사업 등의 큰일이나 결혼과 같은 인류의 대소사가 있을 때에는 궁금증에 간절함까지 더해져 더욱 열심히 찾아다닌다.

　여기저기 물어물어 용하기로 유명세를 타고 있다는 점집에서부

터 기가 막히게 사주팔자를 풀어준다는 철학관까지 찾아다닌다. 그래도 부족해서인지 카드로 본다는 타로점에, 태어난 별자리로 운세를 보는 별점, 곧 서양의 점성학까지 우리나라에서 큰 활약을 벌이고 있다. 요사이에는 4차 산업화라는 명분하에 IT산업에서도 운세산업을 콘텐츠로 활용하는 것에 대하여 활발히 진행 중이라고 한다. 그야말로 미래를 개발 중에 있는 것이다.

한 조사기관의 연구에 따르면, 우리나라의 역술인협회에 등록된 회원만 30만 명에 이른다고 한다. 미등록인까지 포함하면 50만 명의 역술인이 활동한다고 추정하고 있다 하니 5천만 인구의 1%가 역술인이다. 또한 운명(?)산업의 규모는 2조 원에 달할 것으로 추산하고 있다. 이는 영화산업과 맞먹는 수준이다. 인적 규모로 보나 경제적 규모로 보나 우리나라는 그야말로 운세산업 공화국이라 해도 과언이 아니다. 그런데 과연 우리들은 규모에 맞게 운세산업이란 것에 대해 잘 알고 있을까? 진정한 예언이란 과연 어떤 것일까?

고대 역사서를 통해서 알 수 있듯이, 예언은 중대사에 해당하는 전쟁이나 결혼 등의 문제들을 특별한 날에 거북 껍질 같은 걸 구워 점을 치거나 산가지를 꺾어 점사를 내는 행위였다. 점사가 나왔다 해서 아무나 그것을 읽을 수 있는 것은 아니다. 점사를 읽을 줄 아는 특별한 사람이 일정한 의식을 거쳐 얻은 귀한 결과가 바로 예언이었다. 또한 운명運命을 예언할 수 있는 사람도 드물었으며, 흔히 접할 수 있는 일도 아니었다. 일반 사람들이 쉽게 접할 수 있는 것이 아니었다. 무던한 일상의 삶에서 예언이 필요한 경우는 극히 드물었다. 유가에서는 예언을 어떻게 설명하고 있을까?

至誠之道 可以前知 國家將興 必有楨祥 國家將亡 必有妖
지성지도 가이전지 국가장흥 필유정상 국가장망 필유요

孼 見乎蓍龜 動乎四體 禍福將至 善 必先知之 不善 必先
얼 견호시구 동호사체 화복장지 선 필선지지 불선 필선

知之 故至誠 如神.
지지 고지성 여신

지극히 정성스러운 도는 미리 아는 것이 가능하다. 나라가 장차 흥할 것이면 반드시 상서로운 징조가 있을 것이고, 나라가 장차 망할 것이면 반드시 요사한 재앙이 생길 것이다. 그것들은 시초나 거북점에서 나타날 것이며 사람들의 행동에서도 움직일 것이다. 화나 복이 장차 이를 것이면 좋은 것도 반드시 먼저 알 수 있고, 좋지 않은 것도 반드시 먼저 알 수 있을 것이다. 그러므로 지극히 정성스러운 것은 마치 신과 같다.

『중용中庸』제24장 中

괴력난신怪力亂神에 대해 언급하는 것을 좋아하지 않던 유가에서 놀랍게도 예언이 가능하다고 언급하고 있다.『중용』에서 '마치 신神이 아는 바와 같이 미리 알 수 있다' 하면서 이를 전지前知라 하였다. 나라의 흥망성쇠와 사람들의 길흉화복을 알 수 있다고 말한다. 놀라운 일이 아닌가! 이와 같은 신묘한 예언은 지극한 정성(至誠)을 통해서 가능하다고 말한다.

그런데 어째서 지극한 성실함이 예언의 전제조건이 되었을까? 지성至誠이라 함은 과연 무엇인가? 지성이란 매일매일 도를 생각하고 행함으로써 나의 마음가짐과 행동거지를 살피고 반성함으로써 성실(誠)함을 이루는 것이다. 매일 꾸준히 나와 주변을 잘 돌아보고, 성심을 다하는 사람만이 변화를 알 수 있다. 이러한 지성을 통하면 예견이 가능하다는 것이다.

이는 마치 불가에서 수행의 끈을 매 순간 놓지 않고 스스로에 대한 참구와 근원에 대한 숙고를 함으로써 숙명통 등의 육통六通을 얻게 됨의 경지를 지나 자성自性을 깨닫게 되는 과정과 같다. 대오확철大悟確哲하여 시종의 인연법을 앎으로써 처음과 끝을 알게 되는 것과 같다. 이로 인하여 생사고해의 윤회를 얽어매고 있던 단단한 인연의 고리를 끊을 수 있는 방법과 같다.

사실 과거의 우리네 삶을 곰곰이 생각해 본다면 예언에 대한 이와 같은 생각은 매우 타당하다. 아버지의 삶이 아들에게로 이어져 갔고, 태평성대까지는 아니어도 일상적 삶이 계속되는 그런 시대였다. 삶을 살아가는 태도로 그 사람의 인생의 변화를 예상하는 것이 어려울 것도, 혹은 이상할 것이 하나도 없는 시대였다. 그러니 자신의 삶의 태도가 개인의 운명을 좌우하며, 쌓여진 개인의 행동들이 나라의 흥망을 결정지을 수 있었다.

그렇다면 예언의 잣대를 지금을 살아가는 우리에게 적용할 수 있을까? 예전과 같이 늘 성실하게 살아야 한다며, 삶의 태도에 대해 우리들은 지금도 똑같이 배운다. 매사에 최선을 다하고 결과에 승복하는 아름다운 모습에 대한 교육은 전혀 바뀌지 않고 있다.

그런데 현실은 변했다. 성실은 우리 삶에서 아픔으로, 손해로 남는다는 의식이 생겼다. 어쩌다 이렇게 변했을까? 금전이, 혹은 물질이 힘이 되어 버린 세상에서 성실은 힘을 잃어 버렸다. 성실한 태도는 더 이상 지향 가치가 아닌 셈이 된 것이다.

무던하리만치 성실히 살아온 가장에게 효율이 떨어졌다는 물질 가치의 잣대를 갖다 대며 회사는 폭력처럼 해고통지서를 던져준다. 법 없이도 살아가는 착한 이웃이 안전 불감증에 의한 사고로 희생된다. 가난하기에, 힘이 없기에 지성至誠함에 기대어 삶을 가꾸며 살아온 우리에게 돌아온 것은 물질적 가치평가로 인한 삶의 공허이다. 불안함이다. 믿고 의지할 바가 없어지니 막막한 삶에 예언을 바라고 희망을 바라게 되는 것이다.

그렇게 예언은 우리 삶으로 들어오게 된 것이다. 점집이나 역술인이 늘어난 것만을 말하는 것이 아니다. 쉽게 신문이나 잡지에서 운세를 확인할 수 있다. 또한 지금이라도 당장 컴퓨터나 핸드폰으로 운세를 점칠 수 있게 된 것이다.

운명을 읽는다는 것이 쉬워졌다. 쉬워진 만큼 예언을 통한 삶에 대한 믿음도 쉬워졌을까? 그렇지 않다. 점집을 찾아 여기저기 기웃거리고, 동양점도 모자라 서양점에, 핸드폰까지 켜서 직접 확인한다. 한 번의 예언에 그치지도 않는다. 만족도 없고 신뢰도 없다. 끊임없는 의심과 불안만이 있을 뿐이다.

사실 우리들에겐 미래에 대한 예언이 필요한 것이 아니다. 우리가 지향해 나가야 할 삶의 모습은 예전과 같은 지성至誠한 삶이라는 방향 회귀가 필요하다. 성실하게 살아도 인정받을 수 있다는 보상과 인식이 있어야 한다. 상처받은 이에게는 마음의 위로와 안정이 필요한 것이다. 더불어 사회적으로는 성실하게 살아가는 우리에게 안정된 삶과 정당한 보상을 줄 수 있는 제도의 근본적인 보완이 필요하다. 생의 태도에 대한 우리들의 생각이 제자리를 찾아가길 바란다.

끝장을 보려면

오직 한순간만 나의 것이었던

그 모든 것들

영국 여왕 엘리자베스 1세 묘비명

간단히 요기를 할 요량으로 들어간 음식점에서 주인장의 열정
이 담긴 음식을 대하니 몸만 배부른 것이 아니라 마음도 배부르게
되었다. 그야말로 일용할 양식을 대접받은 기분에 한껏 고마웠다.
나오는 길에 식당 한켠에 자리 잡은 액자 속 글귀가 눈에 띈다. 성
경구절의 하나이자 내가 좋아하는 글귀이기도 한 "네 시작은 미
약하였으나 네 나중은 심히 창대하리라." 주인장의 열정을 생각해
보니 고개가 절로 끄덕여졌다. 정성이 담긴 음식을 내는 곳은 반
드시 나중이 창대할 것이라 기대해 본다.

일의 시작과 끝을 마라톤으로 비유하자면, 보통 사람들의 처음
은 100미터 달리기를 하듯이 열과 성을 다하여 전력질주이다. 그
러다 얼마 지나지 않아 기운이 슬슬 빠져나가는 것을 느껴 꾀를
부리기 시작하며 이내 지지부진해진다. 종래엔 유야무야로 마감
하는 것이 수순이다. 열이면 아홉은 이런 패턴에 빠져 실패를 경
험한다.

197

고백하건대 나도 예외가 아니어서, 넘치는 의욕과 생각에 금방이라도 글을 완성할 것처럼 책상 앞에 앉았다. 생각의 흐름을 따라잡지 못할 정도의 스피드로 써 내려가던 글도 한번 생각이 흩어지면 컴퓨터 모니터를 그저 쏘아보고 있을 뿐이다. 글을 쓰다 지우다 하기 일쑤이다. 결국 임시저장으로 들어가는 수순을 겪는다. 부끄럽지만 그야말로 시작은 창대하나 나중은 미약한 셈이다.

핑계나 합리화를 하고자 하는 말이 아니다. 그저 보통의 사람들이 살아가는 모든 일이 이와 같다고 말하고 싶을 뿐이다. 공부나 운동, 다이어트, 사업, 심지어 사람을 사랑하는 마음까지도 처음의 생각과 열정은 시간이 흘러감과 동시에 파도에 스러지는 모래성과 같이 스러지고야 만다. 어느새 흔적만 남을 뿐이다. 어디 그뿐이겠는가. 우리네 인생살이가 도산 안창호 선생의 말처럼 유시유종有始有終하기 매우 어렵다. 어떻게 해야 초지일관初志一貫하여 시작과 같은 마음으로 아름다운 마무리를 지을 수 있을까? 『중용』은 이렇게 이야기하고 있다.

誠 物之終始 不誠 無物 是故君子 誠之爲貴.
성　물지종시　불성　무물　시고군자　성지위귀

정성스러움은 어떤 일의 끝과 시작이니, 정성스러움이 없다면 아무 것도 없는 것이나 마찬가지이다. 이런 까닭에 군자는 정성스러움을 귀하게 여긴다.

『중용中庸』제25장 中

제자 원리를 살펴보면, 성誠은 말씀 언言과 이룰 성成이 합쳐진 글자이다. 즉 말한 바를 이루는 것이다. 말을 한다는 것은 어떤 것인가? 내면에서 한번 일어난 생각을 그냥 흘려보내지 않고 뜻을 세운다는 의미이다. 입지立志라고 볼 수 있다. 성成은 완성하다는 의미로 결과물을 만드는 것이다. 그렇다면 일으켜 세운 나의 뜻이 결실을 맺기 위해서 무엇을 어떻게 해야 하는가? 꾸준함이다. 생각과 뜻은 언제 어디서나 쉽게 일으킬 수 있다. 그러나 이를 실현할 수 있는 꾸준함은 실천하기가 매우 어렵다. 내가 목표한 바에 꾸준한 실천을 함으로써 결과를 얻을 수 있는 것이다. 그래서 성誠은 늘 성실로 표현되는 것이다.

성실함이란 그리 쉽게 얻어질 수 없는 것이어서, 증자曾子조차 매일 '삼성오신三省吾身'을 행하기를 목표로 삼았다. 그만큼 흔들리지 않고 최선을 다함을 실천하기란 매우 어렵다. 유혹에 흔들리지 않고 성실을 꾸준히 실천한 끝에 얻게 되는 결과를 겸허히 수용하는 것이 바로 성이다. 그러기에 군자는 성誠을 귀하게 여긴다고 하는 것이 아닌가! 그렇다면 평범한 우리네들은 어찌하여야 성실함을 얻을 수 있을까?

어쩌면 바라는 바를 알아차려 목표를 세우기란 작심삼일을 늘 실천하는 우리로서는 그리 어려운 일이 아닐 수도 있다. 정작 어렵고 중요한 일은 마음먹은 바를 실천하는 것이다. 이는 흡사 계란으로 바위를 치는 것과 같다. 그래서 어렵다. 계획과 절제, 과감한 용기가 필요하다. 어려운 결단을 도와줄 장치들이 필요한 것이다. 그리고 결과에 승복하는 연습을 하는 것이다.

하여 목표에 대한 열정의 정도를 살펴보고, 이에 따라 도움을 줄 수 있게 환경을 달리하면 좀 더 나아진다. 마치 운명의 기로에서 목숨을 내놓은 장수가 배수의 진을 치고 전쟁에 임하는 자세처럼, 대분발심을 내어 무문관無門關에 들어가 끝장을 보고야 말겠다는 스님들처럼 불꽃같이 열정에는 극단의 장치가 필요하다.

그러나 우리 모두가 그런 열정을 낼 필요는 없지 않은가? 그저 내 삶에 맞게 마음을 내면 된다. 일상을 살아가는 평범한 우리들에게 알맞은 조건과 상황을 만들면 된다. 마치 초발심初發心을 세우고 머리를 깎은 행자들에게 수행을 이끌어 갈 수 있는 계율과 예불의 교육을 함과 동시에 적당한 소임을 주는 것과 같다.

중요한 것은 뜻을 세운 나의 열정의 정도와 능력을 객관적으로 이해하고, 그에 맞는 여러 장치들을 생활 속에서 배치하는 것이다. 그래서 자칫 흐려질 수 있는 마음을 다시 정진할 수 있게 만들어 놓는 것이다. 어쩌면 우리를 성실로 이끄는 가장 중요한 요소는 거창한 목표나 도道가 아니라 나의 성향과 능력을 정확하게 이해하는 것이 아닐까? 그렇게 실천하다 보면 마음과 내가 하나되는 열정의 순간을 맛볼 수 있을 것이다. 그 순간이 삶에 가득하길 소원한다.

그침 없이 꾸준하기(不息)

天行健, 君子以自强不息.
천 행 건　군 자 이 자 강 불 식

하늘의 운행은 굳건하니,

군자는 이로써 스스로 굳세어 쉬지 않는다.

『주역周易』「건괘乾卦 상사象辭」

　누구나 그렇듯이 차가운 북풍에 흔들리는 나뭇가지 사이로 밤
하늘의 별을 보게 되면 광대한 우주와 유구한 시간에 대해 경외심
이 든다. 더불어 시간여행이라는 호기심이 생긴다. 단지 시간여행
과 관련한 소설과 영화에 해당하는 상상력이 아니다. 이론물리학
자인 아인슈타인조차 시간여행의 가능성을 알고자 연구하던 끝에
위대한 상대성이론을 만들었다는 이야기를 통해서 알 수 있듯이,
인류의 근원적 호기심에 해당하는, 그야말로 지구인 모두가 궁금
해 하는 것이다. 이와 같은 우주에 대한 인류의 호기심은 별자리
신화와 황궁십이도나 천상열차분야지도를 거쳐 지금의 우주선을
만들게 된 것이다.

　그중 동양 지혜의 보고인 『주역』을 살펴보면 우주를 다음과 같
이 이야기하고 있다. 태극의 일음―陰과 일양―陽이 상승하강, 화
합분산의 유기적 운동법칙을 좇아 생멸을 지속한다. 이로 인하여

천지의 차고 빔도 때에 따라 사라지고 자라나는(天地盈虛 與時消息) 변화가 생기며 일여의 상호보완이 이루어진다고 이야기하고 있다. 우주와 자연, 인간을 하나의 원리로 이해하고 설명하는 것은 동양만이 갖고 있는 독특한 관점이다. 또한 본성과 형상을 분리하지 않고 하나의 것으로 이해하고 있다.

자신의 삶 속에서 우주의 운행원리를 좇아 궁극窮極에 달하고자 노력하는 이가 바로 군자이다. 그렇게 도道를 좇아 쉼 없이 우주적 삶을 살아간다. 사실 우주적 삶이란 거창한 것이 아니다. 본성대로 살아가는 것, 자연의 순리를 거스르지 않고 순응하며 살아가는 것일 뿐이다.

다만 군자의 삶 속에서 가장 위대한 것은 바로 불식不息이다. 불식은 불교에서 아주 중요한 원력에 해당하는 것으로 쉼이 없음, 꾸준함을 말한다. 성誠을 이루기 위한 필요충분조건으로서 불식에 대해 『중용』은 이렇게 이야기하고 있다.

故至 無息.
고지 무식

그러므로 지극한 정성스러움은 그침이 없다.

『중용中庸』제26장 中

지극한 정성스러움은 쉼을 허락하지 않는다. 그리하여 결국 도道에 이르게 되는 것이다. 당연한 이야기이지만 자연(우주원리)은 쉼 없이 움직인다. 사계절의 순환이 그치지 않고 계속되는 것도 당연해 보이지만 위대한 일이다.

　한편 인간의 이기로 당장의 편리를 꾀한 것이 당연한 순환을 거쳐 커다란 재해로 돌아오는 것을 보면 무서운 일이 아닐 수 없다. 우주의 이치는 얼마나 위대하고 무서운 일인가! 그러기에 도에 순응하며 살아가는 삶이야말로 가치 있는 일이다. 그래서 군자의 삶을 지향하는 것이리라.

　다만 지향하는 삶에 대한 실행이 일회성에 그치지 않아야 한다. 쉬지 않고 꾸준함을 이룰 때에 비로소 인생이라는 결실을 완성할 수 있는 것이다. 결국 꾸준한 실천이 중요한 것이다.

　우리네 삶을 돌아보자. 힐링과 휴식이 대세인 요즘에 쉬지 말라 하니 시대착오적이란 핀잔을 들을 만하다. 그러나 불식不息이란 말의 뜻을 정확히 안다면 자연 고개를 끄덕일 것이다. 식息이란 요새 말로 여유, 혹은 쉬어가기와 같은 휴식을 뜻하는 것이 아니다. 중단 혹은 그침(止)을 말하는 것이다.

　이런저런 이유와 핑계로 내 삶의 원칙을 실천하는 것을 미루거나 변명하지는 않는가? 한 번 통한 핑계는 계획에 중단을 가져온다. 그렇게 일회성에 그치는 실천을 계속하고 있지는 않는가? 어쩌면 여전히 대의명분을 찾아가며 당장의 실천을 미루거나 피할 방법부터 찾고 있지는 않는가?

이에 부처님의 일화를 소개할까 한다. 부처님께서 깨달음을 얻으시고 사문들에게 설법을 하실 때, 그 깨달음을 의심하고 수행법에 반대하던 사문들이 있었다. 그들은 '이 우주와 지구가 어떻게 생겼는지 알려 달라. 사람이 죽으면 어떻게 되는지 이야기해 달라'며 고집을 피우고 수행을 거부하거나 방해하였다. 이에 부처님은 독화살의 비유를 들어서 말씀하셨다.

"여기 화살을 맞은 사람이 있다. 이때 화살이 어디서 만들어졌고, 어디에서 쐈고, 재질은 무엇이고, 어떤 독이 묻어 있고, 이 독의 특성이 무엇인지 알기 전에는 화살을 뽑지 말라고 한다면 그것들을 알기 전에 죽게 된다. 지금 너희들에게 필요한 것은 우주의 기원과 죽음 이후의 이야기가 아니다. 또한 중생은 업 속에 살기 때문에 이를 알려준다 해도 이해할 수 없다." 그리고는 지금의 수행에 정진할 것을 설하셨다.

여전히 핑계를 대며, 조건을 걸면서 당장의 실천을 멈추고 있는 것은 아닌지 내 삶을 돌아보라. 지금 당장 실천하는 것, 꾸준함을 만들어 가는 것이 바로 생을 완성하는 최선의 길이다. 그침 없는 실천(不息)은 스스로를 강하게 만들며 반드시 유시유종有始有終을 얻을 수 있을 것이다.

中庸

제27장

광대한 우주와 나

나의 마음은 고요한 물결

바람이 불어도 흔들리고

구름이 지나가도 그림자 지는 곳

……

행여 백조白鳥가 오는 날

이 물가 어지러울까

나는 밤마다 꿈을 덮노라.

시 · 김광섭, 마음

40여 년간 태양계를 항해하며 다양한 탐사활동과 영상물을 지구에 전송하던 보이저호가 성간공간으로 한 발을 내디뎠다고 소식을 전해 왔다. 우리 태양계를 완전히 떠나 그 끝을 알 수 없는 우리 은하 중심을 향해 긴 항해를 시작한 것이다. 이와 같이 시 · 공간에 대한 인간의 호기심은 언제나 끝이 없었다.

과학의 설명에 따르면, 150억 년 전 우주 대폭발(Big Bang)이 일어나고 별과 성운, 은하가 생겼다. 또한 측량 불가능한 고밀도의 블랙홀(Black Hole)이 생겨 그곳에서는 물질도 시간도, 심지어 빛조차 통과할 수 없다. 지금도 저 먼 은하의 어느 곳에서는 별이 탄생하고 소멸하는 과정을 끝없이 진행하고 있다고 한다. 그렇게 우주는 꾸준히 확장과 소멸을 하였고, 이에 발맞춰 인류의 상상력도 가없이 확장시켜 나갔다.

불가에서는 삼천대천세계라는 공간개념과 찰나와 억겁이라는 시간개념이 복합되어 성成·주住·괴壞·공空의 주기를 거쳐 생성과 소멸이 반복된다고 설명하고 있다. 얼핏 복잡다단의 세계처럼 보이나 우주공간과 시간이 무한히 사라짐과 자라남의 반복이다. 결국 무시무종無始無終이란 한 구절로 설명이 가능하다. 광대무변의 세계가 이리 간단히 정의될 수 있다. 여기서 더 나아가 광변의 우주와 내가 둘이 아닌 하나(不二)라고 생각하는 것이다. 사유의 깊이와 넓이의 폭이 얼마나 무변한가! 진실로 불가의 사유력은 놀라울 따름이다.

불변과 가변의 이질적 법칙이 충돌과 상생의 절묘한 조화를 이루며 운용되는 우주의 원리, 즉 도道는 결코 머나먼 우주 저편에 존재하는 것이 아니다. 바람과 땅과 자연에 있고, 바로 내 안에 있다. 이렇듯 내 안의 본성本性을 깨닫고 순응하는 삶을 살기를 바라는 마음을 확인하는 방법은 없을까? 성인의 도가 그에 적합한 사람을 기다린 다음에 행해질 수 있다는 『중용』의 언급을 통해 생각해 보자.

大哉 聖人之道 洋洋乎 發育萬物 峻極于天 優優大哉 禮儀
대 재 성 인 지 도 양 양 호 발 육 만 물 준 극 우 천 우 우 대 재 예 의

三百 威儀三千 待其人而後行 故曰 苟不至德 至道不凝焉.
삼 백 위 의 삼 천 대 기 인 이 후 행 고 왈 구 부 지 덕 지 도 불 응 언

크도다. 성인의 도여! 왕성하게 만물을 발육하여 높이 하늘까
지 다다랐구나!

충분하게 크구나! 예의 삼백과 위의 삼천에 이르렀다.

그 적합한 사람을 기다린 다음에 행해질 수 있다.

그러므로 진실로 지극한 덕을 지니지 않았다면 지극한 도를
살려낼 수 없다.

『중용中庸』 제27장 中

무량한 우주의 운행원리인 도道가 지극한 덕을 갖춘 성인에 의
해서만 온전히 실행된다면, 덕을 갖출수록 도에 맞는 행동과 삶을
살아간다는 것이다. 즉 행동하는 모든 순간이 쌓인 덕을 바탕으로
이루어지기에 덕의 수준이 가늠될 수 있다는 것이다. 그런 의미에
서 우리는 바른 행동을 통해 덕을 쌓고, 또 실천하는 노력을 통해
덕의 바탕으로 돌아가는 선순환을 이루어야 한다.

그렇다면 어떻게 해야 높은 덕을 쌓을 수 있을까? 높은 덕이란
실생활에서 과연 어떤 행동을 보여 주는가? 『장자』의 「달생達生」
편을 보면, 투계를 좋아하는 왕에게 사육사가 최고의 투계를 빗대

어 완전한 덕을 이야기하는 부분이 나온다. 최고의 투계는 '목계 木鷄', 즉 나무로 만든 닭을 말한다. 즉 완전한 덕이란 목계와 같이 완전히 감정을 제어할 줄 아는 능력을 지닌 단계임을 말하고자 한 것이다. 자신의 능력에 대한 교만을 버리고, 진중함을 길러 성급함을 없애는 것이다. 또한 깊은 마음의 평정을 가져 행동과 감정에 미동조차 생기지 않는 것이다. 마치 거센 폭풍이 몰아쳐도 잔잔한 물결조차 일렁이지 않는 호수 같은 상태를 말하는 것이다.

자만自慢을 버리는 일도 어렵다. 또한 매사에 진중함을 유지하는 것도 어렵다. 그러나 덕을 이루는 데 제일 어려운 것은 아마도 작은 마음의 일렁임조차 일어나지 않는 평정을 갖는 것이 아닐까?

살아있는 한 생각은 무시로 일어난다. 한번 일어난 생각은 꼬리에 꼬리를 물어 다른 생각을 이끌어 내며, 마침내는 거대한 생각과 감정의 파도 속에 나 자신을 매몰시켜 버리고야 만다. 목계와 같은 지극한 평정을 유지하는 것은 어쩌면 우리네 삶 속에서는 절대 불가능한 일일 것이다.

그러나 생각과 감정이 일어남을 그저 지그시 바라보려는 노력을 하다 보면 찰나의 평정을 만들어낼 수는 있다. 순간의 평정이 모이고 쌓여서 생을 채울 때 지덕至德을 이룰 수 있을 것이다. 지도至道를 실천할 수 있을 것이다. 그때에야 비로소 우주원리에 순응하는 삶을 찾아낼 수 있지 않겠는가!

말(言)이란

착한 사람들이 약한 사람들이

망설이고 겁먹고 비틀대면서 내놓는 말들이

자신과의 피나는 싸움 속에서

괴로움 속에서 고통 속에서 내놓는 말들이

어찌 아름다운 별들이 안 되겠는가

아무래도 오늘밤에는 꿈을 꿀 것 같다.

내 귀에 가슴에 마음속에

아름다운 별이 된

차고 단단한 말들만을 가득 주워 담는 꿈을

시·신경림, 말과 별(소백산에서) 中

사자보다 힘이 약하고 치타보다 빠르지 않다. 매보다 시력이 낮
으며 카멜레온보다 자신을 잘 숨길 수 없다. 여러모로 보아 인간
은 동물들보다 나약하다. 그런 인류가 '만물의 영장'이 될 수 있었
던 까닭은 무엇일까?

어떤 이는 인류가 두 손의 자유를 갖게 된 직립보행의 결과로
인류의 발전이 이루어졌다고 말한다. 또 어떤 연구에서는 도구를
사용하는 능력을 가지면서 인류의 지적 성장이 진행되었다고 말

한다. 최근 눈여겨 볼 연구 결과에서는 인류가 '말(言)'을 사용하고 발전시키면서 인류의 진화가 급속히 진행되었다고 한다.

사실 인간들만이 '언어'를 사용하지는 않는다. '돌고래'나 '원숭이' 등 모든 영역의 동물들이 언어를 사용하고 있다. 그러나 이 언어들을 살펴보면 인간의 언어와는 다른 구별점이 생긴다. 동물들의 언어는 벌이나 개미의 '신호' 언어 단계부터 돌고래의 '감정' 언어까지 의미포함 단계가 한정되어 있다. 이에 반해 인간의 언어는 '신호'에서부터 '감정'을 넘어서 새로운 의미를 만들어낼 수 있는 '개념어'의 단계까지 발전되어 있는 것이다.

단순한 지시적 언어만이 아닌 추상적 개념의 언어는 인간의 세계를 지구환경으로부터 끝없는 우주로 확장시켰으며, 가시적 한계에서 불가사의의 세계로 한계를 넘어서게 만든 것이다. 이로 인해 인간은 미개척의 세계로 모험을 떠날 수 있었으며, 미지의 세계로 상상을 펼칠 수 있었던 것이다.

그러나 모든 일에는 양면의 날이 존재하는 법이다. 긍정의 발전이 있었다면, 부정의 갈등이 존재하는 것이다. 언어의 부정적 측면은 어떤 것일까? 바로 오해와 선입견이다.

'말'은 그 사람의 생각을 그대로 담고 있다고 생각된다. 그러나 과연 나의 생각이 한 치의 오차 없이 담겨질 수 있을까? 기초적 단계인 지시어에서는 오차 없는 의미전달이 가능하다. '하나'는 '1'

을 가리키는 것에 다른 이견이 들어갈 수 없다. 그러나 내포하는 의미가 추상적·개념적 단계의 언어일수록 '경험'과 '환경'이 다르고 이에 따른 '관습'과 '의식'이 달라진다. 하여 점차 '이견'이 내포될 가능성이 높아진다. 결국 의미전달에서의 오차가 발생되며, 오해와 편견, 선입견이 생기게 된다. 나와 타인과 세상에 대해 완벽한 이해를 하고 있다고 생각하지만, 그것은 나만의 오해인 셈이다.

그러면 나는 오해의 상태를 알아채고 순순히 인정하고 있는가? 그렇지 않다. 자만을 버린 사람만이 스스로 가지고 있던 선입견을 알아챌 수 있으며, 그로 인해 발생한 실수를 인정할 수 있다. 그러나 보통의 우리들은 자만과 아상에 휩쓸려 스스로 객관적인 판단을 하지 못한다. 선입견에서 벗어나지 못한 결과, 온전치 않은 나의 지식과 판단으로 인해 생긴 결과를 받아들일 수 없는 것이다. 온갖 핑계들이 난무하는 이유이다.

하여 공자의 '아는 것을 안다 하고, 모르는 것을 모른다고 하는 것이 진정한 앎이다'라는 말은 우리들이 실천하기에는 어려운 것일지 모른다. 공자가 위대한 까닭이기도 하다.

자신이 알고 있는 정도를 객관화하지 못하고 한계를 인정하지 않으면 오해와 편견, 무지의 악순환이 발생한다. 더 심각한 문제는 생각의 악순환이 행동으로 전개된다는 것에 있다. 오해와 선입견에 의해 어리석은 생각을 가진 자의 행동은 혼자만의 위험에 그치

지 않는다. 타인과 세상에까지 위험을 퍼트리는 것이다. 『중용』에
서는 이에 대하여 다음과 같이 말하고 있다.

子曰 愚而好自用 賤而好自專 生乎今之世 反古之道 如此
자 왈 우 이 호 자 용   천 이 호 자 전   생 호 금 지 세   반 고 지 도   여 차

者 烖及其身者也.
자   재 급 기 신 자 야

공자께서 말씀하셨다.

"어리석으면서도 자신의 생각을 적용하기를 좋아하고, 밑천이
바닥인데도 자기주장만 세우기를 좋아하며, 지금의 세상에 살
면서 옛 전통의 도에 반대되는 행동을 한다면 재앙이 그 몸에
미칠 것이다."

『중용中庸』 제28장 中

사람들은 쉽게 타인의 생각과 입장이 다른 것에 대해 '이해하
고 있다'고 말한다. 그러나 나 자신에 대한 온전한 이해조차 불가
능한 상황에 타인과 세상에 대한 이해는 어불성설이 아닐 수 없
다. 결국 '이해'는 스스로를 속이는 결과에 불과한 것이다. 자만
을 깨트리지 않는 한 '이해한다'는 말은 '오해한다'의 다른 말일 수
없다.

보통 사람들은 '이해'라는 '오해' 속에 섣부르게 이해의 손짓과

말, 행동을 쏟아낸다. 그러기에 자기 생각을 적용하는 어리석은 행동을 저지른다. 결국 반목과 갈등이 재생산될 수밖에 없다. 업의 연속이다. 안타까운 일이 아닐 수 없다.

그럼 오해의 악순환을 끊으려면 어찌해야 하는가? 자만을 벗어난 이해는 과연 우리에게 가능한 일인가? 이상적이고 원대한 목표를 두기보다는 지금 당장 내가 실천할 수 있는 행동 방법을 생각해 보자.

먼저 어리석은 실수를 반복하지 않도록 나를, 타인을 억지로 이해하려 노력하지 말아야 한다. 심지어 나조차 나를 속일 수 있음을 간과하지 말아야 하는 것이다.

그리고 생각과 감정이 일렁이는 상황을 객관화하여 바라보는 노력을 해 보자. 내 안에서 떠오르는 모든 감정 언어를 배제하고 그저 나의, 혹은 타인의 행동을 바라보자. 마치 풍경화를 보며 감상하는 것이 아니라, 사진 속 행동을 그대로 인지하는 것과 같이 대상화하여 설명할 수 있어야 한다.

그렇게 오해와 이해의 그 어떤 감정에서든 한 걸음 물러나 객관적으로, 혹은 무심하게 바라보려는 연습을 시작하는 것이 어쩌면 오해의 고리를 끊는 가장 최선의 방법이 아닐까 생각한다. 지금 당장 내 감정이 춤추고 있다면 그 원인이 되는 대상을 찾아 감상하지 말고 바라보자.

中庸

●

제29장

인생 항로에

아무쪼록 잘 사는 일이란

마음이 머물고 싶어 하는 곳에 대해,

순간의 시간을 온전히 할애해 주는 것일지 모른다.

시간을 '보내는 것'이 삶이라면

될 수 있는 한 '잘 대접해서' 보내주고 싶다.

박연준, 소란 中

연말이면 특히 더 그렇지만 한 해의 마무리를 잘 하고자 하는 마음에 동분서주하기 마련이다. 지나온 시간 동안 받은 마음씀씀이에 감사의 정을 담아 연하장을 보내는 손길도 분주하다. 여기저기 드리는 송년인사에 빠트린 분은 없는지, 두 번 세 번 꼼꼼히 살핀다.

감사의 마음을 표현하고자 하는 바가 크겠지만, 다른 한편에는 '부디 다음에도 잘 부탁드린다'는 계산도 있다. 다시 만날 그들에게 서운함을 남기지 않으려는 것이다. 나에 대한 좋은 인상을 남기기 위해 이런 사소한 것까지 신경을 쓰는 것이다.

지나간 일부터 미래의 일까지 두루두루 심사숙고한다. 이는 마치 『중용』의 다음 구절과 같다.

詩曰 在彼無惡 在此無射 庶幾夙夜 以永終譽 君子 未有不
시왈 재피무오 재차무사 서기숙야 이영종예 군자 미유불

如此而蚤有譽於天下者.
여차이조유예어천하자

시경에 이르기를 "저기서도 싫어하지 않고 여기서도 거역하지
않는다. 바라건대 새벽부터 밤까지 노력하여 영원히 영예로움
으로 마칠 수 있도록 하라!"고 하였으니 군자가 이와 같이 행
동하지 않고서 세상에서 명예를 얻을 수 있었던 경우는 일찍
이 없었다.

『중용·中庸』 제29장 中

옛 것과 미래의 것을 두루 고민해야 하는 것인가? 왜 다른 이의
싫어함과 거역함에 신경을 쓰는 것인가? 반드시 나에 대한 좋은
인상이 필요한 것일까?

긴 인생길에 어느 곳에선들 마주치지 않을까(人生何處不相逢)라
는 말처럼, 그들과 언제 어떤 상황에서 대면하게 될지 모를 불안
이 있기 때문이다. 불편한 관계를 만들고 싶지 않은 마음에, 나에
대한 긍정적 인상을 주고 또 능력에 대한 좋은 평가를 받고자 하
는 욕심에 어느 것 하나 허투루 하지 않으려, 완벽하려 노력한다.
이렇게 한다고 해서 나에 대한 비난이 없을 리가 없는데 말이다.

그럼에도 불구하고 무엇 하나 놓치지 않으려는 욕심에 그야말

로 시간과 노력, 체력을 태운다. 내가 가진 능력과 열정, 체력과 시간을 끝까지 태우고 나서야 자기만족의 어느 수준에 다다를 수 있다. 이는 결코 자기발전의 행동이 아니다. '번아웃(Burn Out) 현상'이라는 말이 나올 정도로 끊임없이 나를 소진시키는 소모적 행위인 셈이다. 여기저기서 탈진에의 아우성이 들려온다. 나도 타인도 사회조차도 지쳐가고 있는 것이다. 안타깝기 그지없다.

왜 스스로를 소진시키면서까지 완벽함으로 내몰고 있는 것일까? 그것은 어쩌면 사회에 살아가면서 타인의 시선을 의식하였기 때문일 것이다. 스스로 목표점을 설정하기보다는 사회나 타인의 높은 평가를 받는 기준을 목표로 만들어놓고 성공을 향해 끊임없이 시도하기 때문인 것이다.

다른 이의 평가를 지나치게 의식하는 것은 위에 언급한 『중용』 제29장을 통해서도 알 수가 있다. 함께하는 사람들 속에서 책잡히고 싶지 않고, 부정적 평가보다 긍정적 공감을 얻기를 바라는 것이다. 세상 속에서 명예와 존경을 받고자 하기 때문이다. 나의 가치평가를 타인에게 의존하기에 자책하며 완벽의 길로 스스로를 내몰고 있는 것이다.

과연 나의 가치는 타인에 의해 결정되는 것일까? 사회 통념에 준한 모든 가치평가가 과연 정확한 것일까? 그렇지 않다. 나의 능력과 가치는 내 삶을 완전히 살아감으로써 완성되는 것이다. 그러기에 다른 이의 잣대에 의한 평가를 의식하지 않고 내게 주어진 삶의 길을 충실히 살아가면 되는 것이다.

그러나 지금 우리의 삶은 타인의 평가에 지나치게 의존하고 있다. 왜 그런 것인가? 내적 충만充滿에 가치를 두지 않고 명예 혹은 지위상승이라는 외적 기준을 삶의 목표로 두었기 때문이다. 목표점이 달라졌으니 당연히 평가의 잣대는 달라질 수밖에 없는 것이다. 배는 목적지를 향해 방향키를 바로 잡았는지 점검해야 항해의 길을 완성할 수 있다. 우리 삶의 항해도 이와 같다. 내적 목표점을 잘 맞추어 키의 방향을 끊임없이 맞춰야 한다. 그래야 판단의 잣대도 정확히 사용할 수 있으며, 종착지에 도착해서 충만한 삶을 돌아볼 수 있는 행운을 가질 수 있는 것이다.

우리네 인생의 여정은 정답이 없다. 그러나 가치의 목표점을 내 안에서 찾아 옳은 길로 나아가야 할 것이다. 또 바른 길로 나아가기 위해 방향키가 정확하게 맞춰져 있는지 점검하며 인생을 완성해 보자.

中庸

●

제30장

한 발 물러서는 연습을

우리는 적이 아니라 친구다.

우리는 서로 적이 되어서는 안 된다.

감정이 상했다고

서로 애정의 유대관계를

끊어서도 안 된다.

분명 선량한 본성이 다시

기억의 신비로운 현을 튕길 것이다.

에이브러햄 링컨(Abraham Lincoln)

물은 모자람과 넘침에 관계없이 주어진 그릇에 자신을 맞출 뿐, 크고 작음을 탓하지 않는다. 또한 흙탕물을 만나면 자기만을 고집하지 않아 함께 탁해진다. 깨끗한 물을 만나면 홀로 흐려지지 않으며 더욱 맑아진다. 어떤 목적도 의미도 없다. 물은 다만 그러할 뿐이다. 하여 『도덕경』에서는 최상의 도를 가리켜 물과 같다(上善若水)고 하지 않던가! 자성自性 역시 그러하다. 어질거나(仁) 덕德, 예禮의 뜻이 끼어들어 있지 않다. 다만 순리 혹은 흐름에 따를 뿐이다.

이와 같이 도道를 따르는 것은 바로 자연을 따르는 것과 같다.

불쌍하다 하여, 어리석다 하여 예를 가르치는 등 스스로의 순리를 거스르며 간섭하지 않는다. 그래서 천지불인(天地不仁: 자연은 어질지 아니하다)인 것이다.

천지의 이치를 찾아 수행의 길을 나아갈 때 가장 큰 힘이 되는 것은 과연 어느 것일까? 사실 서릿발 같은 초발심을 지니고 길을 나섬에 있어 큰 선지식을 만나 바른 가르침과 방향을 얻고 끝없이 수행의 길을 올곧게 걸을 수 있다면 더없는 복일 것이다. 마음을 내어 정진을 하는 많은 수행자들에게 알맞은 견책만큼 중요한 것이 어디 있겠는가! 과하고 조급한 마음에 간혹 삿된 미망의 길에 빠져 혹독한 고통을 겪는 경우가 심심치 않게 있기에 대덕의 은혜는 가없다 할 수 있다.

그러나 『임제록臨濟錄』의 '부처를 만나면 부처를 죽이고, 조사를 만나면 조사를 죽인다'는 살불살조殺佛殺祖를 떠올려 보자. '말의 속임수 혹은 관념의 집착에서 벗어나라'를 경계의 말과 같이, 가르침에 집착하는 것조차 벗어나야 하는 수행의 단계를 생각해 보면, 큰 선지식을 만나는 것도 어느 순간 벗어나야 할 굴레임에 분명하다.

그렇다면 홀로 가는 수행의 길에서 태산 같은 울림의 죽비를 내릴 수 있는 이가 과연 누가 있을까? 용맹정진의 길에 칭찬과 용기를 북돋아 줄 이가 누구인가? 바로 함께 길을 걸어가는 도반道伴

일 것이다. 도를 찾아 가는 길에 서로 어긋남이나 반목 없이 도움과 자극을 함께 나눔으로써 변화와 깨달음을 이끌어 낼 수 있는 자, 그런 경쟁자가 되어 진리의 도를 향해 나아가는 도반이 있다는 것은 수행의 최고 복덕이 아닐까 한다.

보통 경쟁자라 하면 '이해'의 목적과 목표가 한가지여서 서로 다투고 갈등하는 적대적 관계의 사람을 말한다. 그리하여 이해로 반목된 관계가 생기고, 이는 권모술수를 사용하여 서로의 생존을 위협하고 이득을 독점하려는 부정적 관계로 생각하기 쉽다. 그야말로 '적을 죽이지 않으면 내가 죽는다'의 절체절명의 관계인 것이다. 그러나 진정한 경쟁은 경쟁과 상생, 다름과 동질이 함께 있을 때라야 의미가 있다고 생각한다. 하나의 목표를 향해 경쟁과 상생의 과정을 지난 후에라야 상호 발전하고 결과가 극대화되기 때문이다.

용천龍泉과 같이 초발심을 일으켜 세운 수행의 길에 큰 바위와 메마른 땅, 고인 물웅덩이와 같은 위험요소들은 도처에 있다. 한 방울의 샘물은 작은 개천을 만들어 바다에 이르기도 전에 땅으로 금세 스며들고 만다. 메마른 땅으로 스며들 절체의 순간에 온전히 냇가로 이끌어 강으로 흘러갈 수 있게 다른 물방울이 함께해야 큰 바다에서 대자유를 유영할 수 있다. 즉 샘(泉)에서 흐르기 시작한 물이 헤아릴 수 없이 많은 냇물과 큰 강물을 지나 바다에 이르기 위해서는 혼자만의 힘이 아니라 여럿의 힘이어야만 한다. 여기에 경쟁이, 갈등이, 불신이 있을 수 없다. 상생의 관계, 그러면서 서로 경쟁하는 그 존재가 바로 도반인 것이다.

'혼자'가 아닌 '함께'로서 수행의 힘을 더해 내를 이루고 지류를 만들어 깨달음의 바다에 이르고, 스스로 바다의 한 일부가 될 수 있는 것이다. 이는 마치 『중용』의 다음 구절과 같다.

萬物竝育而不相害 道竝行而不悖 小德川流 大德敦化 此天
만물병육이불상해 도병행이불패 소덕천류 대덕돈화 차천

地之所 以爲大也.
지지소 이위대야

만물은 같이 자라도 서로 방해하지 않고, 도는 함께 행하여도 서로 어긋나지 않는다. 작은 덕은 냇물처럼 흐르고, 큰 덕은 돈독하게 변화하니 이것이 천지가 위대한 이유이다.

『중용·中庸』 제30장 中

큰 바다로 가는 길은 무수히 많아서 한 길만을 고집할 수 없듯이, 큰 도를 향하는 길은 다양해서 어떤 하나의 길이 옳다 고집할 수 없다. 중요한 것은 물이 흐르는 그 자리에 머물지 않는 것, 끝없이 바다를 향해 전진하는 것이다.

한 방울의 물은 물 자신으로 그치고야 만다. 그러나 같은 길을

가는 물들이 모여 강물로 만들어내고 마침내 큰 바다에 이를 수 있도록 함께 변화한다. 도를 향한 나의 마음자리에 홀로 머물지 않고, 자기 생각의 틀을 깨트리며, 긍정의 변화를 갖도록 영향을 주며, 종래에는 큰 깨달음을 성취할 수 있도록 도와주며 길을 함께 걸어가는 이가 바로 도반道伴인 것이다.

도를 향해 가는 수행의 방법은 수없이 많고 다양하다. 어떤 하나의 길만이 옳다 고집할 수 없다는 뜻이다. 즉 자기 있는 자리의 틀을 깨고 깨달음을 얻으려 노력하면 마음에 걸림 없이 절대 자유를 얻을 수 있다는 것이다. 이를 견지하고 함께 정진의 길로 나아가는 자야말로 진정한 도반이라 할 수 있다.

수행의 작은 덕德은 우리를 물과 같이 서로 지켜주고 도와줄 것이다. 또한 큰 정진과 변화의 길로 이끌어 종내에는 깨달음의 문을 열어줄 것이다. 그러기 위해 삶의 길을 걸어가는 내게 엄중한 질책과 용기를 주는 이가 있는가를 살펴보아야 한다. 내 주위에 함께 걸어갈 수 있는 올바른 경쟁자가 있는가? 또한 나는 누군가에게 바른 경쟁자인가? 섣불리 대답하기 어렵다. 왜 그런가?

지구에 최초 생명체가 출현한 30억 년 이후, 다양한 생명체들은 발생하고 소멸되는 과정을 통해 진화의 길을 걸어왔다. 이는 인간도 마찬가지이다. 현생 인류 종인 호모 사피엔스(Homo Sapiens)는 생각하는 인간이란 말로 현자賢者, 즉 Wise Man이라는 뜻이다. 그런데 유일하게 '이익'을 목적으로 했을 때 서로를 공격하고 죽이는 생명체이기도 하다. 우리의 궁금증에 대한 해답이 여기에 있는 것은 아닐까?

인류는 어쩌면 '상생' 없는 경쟁의식 때문에 진정한 진화를 서로 방해하고 있는 유전자를 내장하고 있을지도 모른다. 갈등과 불신이 생존을 위한 필수조건이기에 당연히 경쟁을 부정적인 것으로 인식하는 것은 아닐까?

허나 현명한 현생 인류답게 우리는 이상적 발전을 위하여 상생의 경쟁을 지향해야 한다. 즉 내재된 본능, 갈등과 분쟁이 발현되는 것을 경계하고 경쟁과 상생이 공존하도록 수행해야 한다. 올바른 '도반'을 찾으며 발전하는 나를 만들어 가야 한다. 또한 나 스스로도 누군가에게 올바른 도반이 되어야 한다. 그리하여 인류가 대자유의 큰 바다로 나아가야 한다. 이를 위해 나부터 양보의 한 걸음, 이해의 한 걸음을 내딛어야겠다. 고집으로부터 한 발 물러서는 연습을 해야겠다.

中庸
●
제31장

참견과 충고 사이

자아를 성찰함으로써,

내면의 침잠으로부터 시가 나오게 되면

당신은 그 시를 들고 나가

누구에게

어떠냐 물어보지 않게 되리라.

시·라이너 마리아 릴케, 『젊은 시인에게 보내는 편지』 중

직장을 찾아, 학업을 위해, 혹은 여러 개인적인 이유로 도시에 사는 사람들이 늘어나면서 공동체 삶이 해체되었다. 관계 속에서 오는 심적 부담으로부터의 해방을 선언하며 자유를 만끽하였지만, 어느새 즐거움, 아픔, 고민 등 인생의 많은 장면과 추억을 함께 나누던 주위의 사람들이 사라졌다. 나와 우리는 더욱 외로워졌다.

그래서일까? 요새는 '소확행(소소하지만 확실한 개인의 행복)'이라는 말로 알 수 있듯이, 허전함과 쓸쓸함을 채워줄 수 있는 것에 대한 생각들이 중요하게 대두되고 있으며, 어느 때보다 개인의 선택을 존중하는 추세이다.

개인 취향 존중의 시대이면 스스로의 취향을 파악하고 그를 즐기면 된다. 그런데 생각과는 달리 사람들은 늘 누군가의 생각을

묻는다. 삶의 기로에 홀로 서 있을 때, 필요한 혜안이나 국면 전환을 모색할 때 필요한 방책과 같은 중요한 문제에 대한 조언이 아니다.

단지 먹고 입고 마시고 노는 기초적인 것에서부터 자신을 둘러싼 모든 신변잡기들에 대해서 주변인들에게 의견을 구한다. 그런데 그 정도가 심해 생활의 모든 것들에 대한 판단과 결정을 대신해 줄 것을 요구하기도 한다. 내가 주인으로 살아가는 인생에서 나의 생각과 결정이 없다. 심각한 '결정 장애'라는 말밖에 설명할 길이 없다.

이렇게 우리는 누군가에게 의견을 묻고 또 조언을 하는 것이 당연한 그야말로 '결정 장애'의 시대, 즉 '의존'의 시대, '참견'의 시대에 살고 있는 것이다.

사실 충고나 조언은 늘 있어 왔고, 조언자 혹은 지혜를 갖춘 멘토들은 늘 존재해 왔다. 그런데 왜 요즘에 와서는 '조언'이나 '충고'와는 다른 '참견'이라는 말이 빈번하게 쓰이고 있을까? 이들은 어떤 차이점을 갖고 있을까?

조언이나 충고는 그 말이 지닌 무게가 참견과는 다르다. 조언은 신중하고 무겁다. 그리고 조언에 따른 책임감이 끝까지 따른다. 반면에 참견은 지극히 개인적인 경험과 감정에 기준하여 판단하는 것이다. 그런 이유로 편향적이며, 가볍고, 책임감이 없고, 굳이 따르지 않아도 될 적당한 가벼움을 가지고 있다. 이렇듯 무게의 상반됨을 알고 있음에도 불구하고 '연애생활'에 '사회생활', '가정사'에 이르기까지 우리들은 가벼운 '참견'을 끊임없이 요구한다. 왜 그런가?

과잉정보를 경계하는 목소리가 커질 만큼 지금은 정보의 홍수 시대이다. 다양한 정보 속에 내게 필요한, 혹은 이익이 되는 정보를 혼자서 찾아내기란 효과적이지 않다. 그러기에 여러 사람들의 정보공유를 통해 어느 정도 안정성을 확보하려는 노력에서 타인의 의견을 공유한다. 즉 중요한 일을 혼자만의 생각으로 결정하는 것이 손해를 볼 수 있다는 불안을 없애기 위해 타인의 참견을 용인하는 것이다.

다른 이유로는 개인적 이야기를 나눔으로써 감정의 교류를 형성할 수 있는 상황이 안 되거나, 그런 사람이 없다는 삶의 외로움이 담겨 있기 때문이다. 공감이나 감정과잉을 피하면서도 외로움을 상쇄할 수 있는 적당한 거리에서의 참견을 요구하는 것이다. 지나친 관심은 싫지만 외로움 또한 견디기 어려운 인간의 이중심리가 있기 때문인 것이다.

그렇다면 내가 필요로 하는 문제에 대한 다양한 참견들이 과연 나에게 도움이 될 것인가? 대개 우리가 쉽게 구하는 참견들이란 '내 경험으로 보건대…', 혹은 '…던데'나 '…카더라' 식의 정보에 불과하다. 인터넷이나 잡지에 게재된 다양한 사연들은 그 정도가 심해 그대로 복사해서 붙여놓기한 것에 불과한 경우가 허다하다. 그야말로 소설이 따로 없을 정도의 허황된 조언이 아닐 수 없다.

그나마 '내 경험에는' 식의 참견은 얼마간의 선험적 진정성이 가미가 되었다고 볼 수 있다. 그렇다면 과연 자기 경험을 토대로 한 조언이 얼마나 도움이 될 것인가? 대개 개인의 경험에는 상황과 변수가 상이하므로 모든 일에 100% 적용되기는 어렵다. 게다가 사실 경험을 바탕으로 하는 조언일지라도 개인적으로 일을 겪으면서 느꼈던 좋고 싫은 감정이 포함되기에 선입견이나 편협한 조언을 하기가 쉽다. 그러기에 어떤 식으로든 '참견'은 편향적일 수밖에 없다. 즉 올바른 방향 제시가 될 수 없다.

그렇다면 올바른 참견 혹은 조언이란 어떠한 것일까? 그에 대한 해답을 『중용』에서 찾아보자.

唯天下至聖 爲能聰明叡智 足以有臨也 寬裕溫柔足以有容
유 천 하 지 성   위 능 총 명 예 지   족 이 유 임 야   관 유 온 유 족 이 유 용

也 發强剛毅 足以有執也 齊莊中正 足以有敬也 文理密察
야   발 강 강 의   족 이 유 집 야   제 장 중 정   족 이 유 경 야   문 리 밀 찰

足以有別也 溥博淵泉 而時出也.
족 이 유 별 야   단 박 연 천   이 시 출 야

오직 천하의 지극한 성인이라야 총명예지하여 임할 수 있다.

또 너그럽고 부드러워 받아들일 수 있고, 강하고 굳세어 고집
할 수 있으며, 가지런히 잘 갖추고 중정을 지켜서 공경할 수가
있고, 문장의 조리가 자세하고 분명하여 분별할 수가 있다. 두
루 넓고 깊이 근원하여 때에 맞게 내어 놓는다.

『중용中庸』 제31장 中

　자연의 이치를 근간으로 하여 생각과 행동을 하는 성인이야말
로 시의적절한 조언을 해 줄 수 있는 적임자가 아닐까? 모든 일의
판단 근거는 큰 도(자연의 이치)에 바탕을 두고 있다. 또한 이를 기
준으로 매사의 일을 판단하고 실천하는 성인의 지혜와 행동을 일
러 주고 있다.

　미루어 생각해 보건대, 조언이나 충고의 근본 바탕에는 반드시
이치(本性)와 운행원리에 대한 이해와 통찰이 있어야 한다. 비록
드러나는 현상은 다를지라도 그 근저에 숨어 있는 원리는 동일하
기 때문이다. 이럴 때 순리에 맞는 조언을 할 수 있고, 결국 이치에
순응하는 해결이나 결과를 얻을 수 있기 때문이다.

　수행의 길을 걷는 이들이 조언과 법문을 하는 것 또한 도道 혹은
인간의 본성本性에 근간을 두고 이루어지는 것이다. 그러기에 편
협한 생각이나 선입견이 배제되고, 그 어떤 문제에 적용을 하여도
원칙에 어긋남이 없다.

그러나 경험치를 바탕으로 이루어지는 일반적인 조언 혹은 참견에는 보편성도 일관성도 없을 뿐만 아니라 잘못된 선입견을 심어 주는 위험성을 갖고 있다. 그러기에 혹여 '조언'을 구하는 이가 있다면 다만 공감共感하되 나의 경험치를 근거로 섣부른 조언이나 충고를 이야기하는 과오를 저지르지 않길 바란다.

시대의 풍조가, 혹은 상대의 절실함이 간절히 나의 한마디를 구한다 하여도 쉽게 입을 열지 마라. 말로써 지은 죄로 지옥 불에 떨어진다는 업보를 굳이 말하지 않더라도, 시비是非를 깨닫기 전의 왜곡된 생각이 현실의 나를 옭아매는 잘못을 범할 수 있다.

다만 마음을 열어라. 우리에게 필요한 것은 설익은 생각과 행동을 드러내는 일이 아니다. 한 걸음 물러날 줄 아는 마음의 여유를 갖기 위해 열린 나로 사물과 상황을 관觀할 수 있어야 한다. 그때 내재되어 있는 큰 도道를 바라볼 줄 알아야 한다. 그러기 위해서는 본성과 도를 따르는 순리의 생각과 습관을 연습해야 할 것이다. 이 생각에의 길을 흔들림 없이 묵묵히 걸어가길 바란다.

中庸

제32장

행운이 행복으로

저기 행운이 온다

간다 행운이 저기

……

꾸준히 준비된 만남처럼

우연히 빠져든 사랑처럼

행운을 잡으려 노력하지 말기를

시·박노해, 행운 中

역사상 최대 당첨금이 누적되었다는 보도와 함께 복권을 사려
길게 줄 선 사람들의 영상이 연일 뉴스에 등장했다. 먼 나라의 복
권열풍에 휩쓸려 구매대행이나 지인찬스를 사용하여 열기에 편승
하는 사람들도 있다는 얘기도 간혹 들려온다. 일확천금이나 요행
을 바라는 마음이야 당연한 본능일 수 있다. 이것이 어디 복권에
만 해당하겠는가!

한때 형제의 나라가 국가부도 사태에 직면한다는 루머가 돌았
었다. 하루아침에 환율이 급락하고 식료품 사재기가 극성인 혼란
이 한동안 계속되었다고 한다. 우리나라도 IMF라는 아프고 힘들

었던 시기를 지내본 경험을 가진 터라 마음이 쓰이던 차에, 몇몇 관광객과 돈 꽤나 있다는 사람들이 환율차를 이용해서 명품 사재 기가 극성이었다는 어이없는 이야기를 들었다. 남의 불행이 기회 가 된 것도 모자라 평소 왕래가 없던 친척들에게 부탁에 부탁을 하여 명품 구매대행을 하였다니 입맛이 씁쓸하기가 그지없었다.

지인의 사업 성공담, 투자 성공담, 부동산 상승이나 타인의 불행 을 성공의 발판으로 삼고자 기회를 엿보는 것도 모두 일확천금의 요행을 바라는 마음이다. 그래서 종잣돈을 마련해서 주식투자도 한번 기웃거려 보고, 그럴싸한 사업계획도 세워 보고, 여기 저기 아파트 분양정보도 알아본다. 사랑, 취직, 성공을 모두 부러워하며 그들이 했던 방법들을 똑같이 따라 해 본다.

그런데 실망스럽게도 나는 항상 제자리에 멈춰서 있다. 잠깐의 기대로 가졌던 희망이 오히려 절망이 되어 나를 사로잡는다. 그들 과 나는 과연 어떤 것이 다르기에 결과가 똑같지 않을까? 그 해답 을 아래 글귀에서 찾아보자.

唯天下至誠 爲能經綸天下之大經 立天下之大本 知天地之
유 천 하 지 성　위 능 경 륜 천 하 지 대 경　입 천 하 지 대 본　지 천 지 지

化育 夫焉有所倚.
화 육　부 언 유 소 의

오직 천하의 지극히 성실한 자만이 세상의 큰일을 경륜할 수 있으며, 세상의 큰 근본을 세울 수 있고, 천지의 화육을 알 수 있다. 어디에 의존하는 바가 있겠는가.

『중용中庸』 제32장 中

성실이라 함은 근본 이치이자 목표점인 도道와 변화하는 현실 사이에서 이치에 맞추어 중용의 운용에 최선의 노력을 다하는 것을 말한다. 감정과 선입견에 빠져 올바르지 못한 생각을 가진 범인凡人들이 매 순간의 행동이 이치에 맞게 이루어지기란 어렵다.

그러기에 지극한 도를 실천하기 위하여 우리들은 수행 중에 있으며, 이 중용을 실천하는 사람을 보살 혹은 군자라 부를 수 있는 것이다. 변화와 융통에 있어 이치에 벗어남 없이 행해질 때 보살행이, 혹은 중용이 완성되었다 볼 수 있다. 그러기에 도의 원칙과 변화를 읽어 큰일을 무리 없이 경륜할 수 있는 사람은 성실히 중용을 실천하는 사람인 것이다.

지극한 도의 운용에 알 수 없는 변수가 요행僥倖이나 일확천금一攫千金이라 하여도 이치에 순응하고 중용을 실천하는 사람만이 지복至福을 지키고 나눌 수 있다. 즉 행운의 크기와 자신의 마음 그릇을 알아서 운을 잘 운용하며 주위를 둘러볼 여유를 가진 사람만이 복을 자손에게 남겨줄 수 있는 것이다. 그렇지 못한다면 요행은 도리어 큰 재난이 된다. 우리는 종종 복권 당첨자의 씁쓸한 후일담을 풍문으로 들으며 안타까운 마음을 갖지 않는가!

　중요한 것은 행운이 깃들기를 바라는 것이 아니다. 내가 지닌 복을 잘 알고 이를 지키고 나눌 수 있을 때에 행운幸運이라는 변수가 행복幸福이라는 이름으로 질적 성장하여 내게 다가올 것이다.

中庸
●
제33장

삶의 여백

물먹는 소 목덜미에
할머니 손이 얹혀졌다.
이 하루도
함께 지났다고,
서로 발잔등이 부었다고
서로 적막하다고

시 · 김종삼, 묵화墨畵

눈에 보이듯 묘사한 것이, 시를 읽는 것이 아니라 한 폭의 수묵화를 감상하는 듯하다. 흐르는 강물을 바라보며 그림 속 할머니는 세월의 무게를 동무인 소에 기대 긁어내고 있을 것이 분명하다. '오늘 하루도 잘 지냈다.' 이것 외에 어떤 소회가 필요할까? 그저 세월의 무상함만을 보여 주는 것이다. 무심히 흐르는 강물과 노인, 그리고 옆에 함께 있어 줄 도반이면 족하다. 그 밖의 어떤 것도 사족일 뿐이다.

텅 빈 공간은 우리에게 많은 것을 만들어준다. 마음의 쉼표 하나 혹은 공감 한 점, 어쩌면 과거로의 추억여행 등 머릿속 모든 감상이 내게 주어진 공간에서 생겨난다. 이것이 여백의 미인 것이다.

동양화에는 화폭의 크기와는 상관없이 늘 여백이 있다.

어쩌면 우리는 늘 여백에 둘러싸여 있는 것은 아닐까? 내가 서 있는 자리에 멈추어 서서 가만히 주변을 둘러보자. 흔히 즐기는 음악과 춤, 건축물 등 우리네 삶에서 동떨어지지 않고 존재하는 여백을 찾을 수 있다.

우선 음악에서 찾아보면, 무수한 음표들이 만들어내는 리듬과 하모니 사이의 작은 쉼표에서 우리는 여백과 동시에 장대한 선율이 주는 감동을 찾을 수 있다. 춤에서는 또한 어떠한가? 큰 몸짓과 작은 동작들 사이의 한 호흡 쉬어감이 주는 여백을 느끼는 사이 춤이라는 것이 주는, 인간의 몸이 만들어내는 선의 아름다움과 감동을 읽어 낼 수 있을 것이다.

재주 좋은 화공일수록 화재의 크기와 위치를 먼저 생각하지 않고 여백을 먼저 구상한다고 이야기할 만큼 동양화에서 여백이 갖는 완성의 의미는 매우 크다. 예술작품으로서의 완성도에 방점을 찍는다고 볼 수 있다.

여백의 미라면, 건축물 또한 단연 빠질 수 없는 분야이다. 창공과 지붕을 가로지르듯 날렵하게 올라간 버선코와 같은 처마를 보면서, 또 더운 여름 창문을 떼어내 공간을 개방함으로써 텅 빈 충만을 이끌어 내는 공간의 미학은, 우리네 생활과 밀접한 여백의 아름다움을 찾을 수 있는 백미 중의 백미가 아닐까?

우리네 삶에 늘 존재하는 여백은 어떤 때에 완벽하게 즐길 수 있는가? 즐긴다는 것은 내 감정이 여백의 중심으로 들어가 감각을 공유하며 기억을 저장함으로써 행복의 감정을 소박하게 느끼는 것일 수 있다.

물론 그저 감흥이 일어나는 대로 즐기는 감상도 의미가 있다. 그러나 한층 심도 깊은 이해와 즐거움을 위해서는 유명한 미술사학자 유홍준이 언급한 '아는 만큼 보인다'라는 말처럼, 대상물에 대한 이해를 할 수 있을 때 감상과 더불어 여백의 미를 오롯이 즐길 수 있을 것이다. 대상에 대한 지식적 이해와 작가의 감각을 공유할 때라야 공감이 존재하는 것은 아닐까?

'지적인 개념의 안다'는 것은 무엇인가? 대상에 대한 정보를 바탕으로 이해한다는 것이다. 마치 음과 다양한 음악적 형식과 구성들에 대한 정보를 알고 있을 때에 곡에 대한 감상의 깊이가 더할 수 있다는 이야기이다. 미술 역시 마찬가지이다. 소재의 의미와 구도, 색채의 상징과 작가의 구현 의도를 알 때 작품에 대한 감동이 일층 더 깊어질 것이다.

여백의 공감을 통해 '은미隱微한 멋', 감상을 알아가는 일이 어찌 예술과 문학, 건축 등의 국한된 분야에만 있을 것인가! 실상 우리가 가장 근본적으로 알아야 하는 것은 바로 '나'여야만 하지 않은가!

그렇다면 진정 '나'를 아는 것은 어떠한 것인가? 안다는 것은 치우침이 없는 정보를 갖는다는 것이다. 자신이 있는 자리에서 한발 물러나 가치나 선입견에 치우치지 않고 스스로를 이해하고, 알맞게 판단하고 받아들인다는 것이다.

그렇다면 우리들의 자기성찰은 어떠한가? 외향과 성격, 환경과 경험들을 토대로 스스로를 판단한다. 더 나아가 타인을 평가한다. 이러한 성찰은 옳은 방법이 아니다. 이는 마치 향기에 취해 꽃이 지닌 본성을 간과한 채 꽃의 외양만을 감상하는 것에 불과한 것이다.

올바른 자기성찰이란 바로 '여백'을 만드는 것이다. '나'와 '자기 자신'이라고 생각하고 있는 외향이나 성향, 조건 등에서 한 걸음 물러나 여백을 만들고 이를 관(觀)함으로써, 선입견이나 현상에 치우치지 않음으로써 드러나는 나(自性)를 보도록 노력할 때에라야 비로소 바른 자기성찰의 첫걸음을 시작하는 것이다. 본질에 다가가는 것이다. 이때라야 비로소 본성이, 자연 혹은 내(自性)가 지닌 은미한 아름다움을 깨달을 수 있을 것이다.

이는 마치 군자가 도를 알고 실천할 때의 모습과 같다. 여백을 만들어 자신을 바로 보고 순리(道)에 맞게 실천한다. 하여 군자는 때(時)에 맞는 행동을 하고, 예에 치우침이 없이 행동하며, 은미한 아름다움을 가질 수 있는 것이다.

여백의 미로 깨달은 도의 아름다움은 『중용』에서 언급한 바와 같이 그 멋과 근원이 깊어 형언이 불가하다.

詩曰 衣錦尚絅 惡其文之著也 故君子之道 闇然而日章 小
시왈 의금상동 오기문지저야 고군자지도 암연이일장 소

人之道 的然而日亡 君子之道 淡而不厭 簡而文 溫而理 知
인지도 적연이일망 군자지도 담이불염 간이문 온이리 지

遠之近 知風之自 知微之顯 可與入德矣.
원지근 지풍지자 지미지현 가여입덕의

시경에 이르기를 "비단옷을 입고 홑옷을 걸쳤다"고 했으니 이는 그 화려함이 드러나는 것을 싫어했기 때문이다. 그러므로 군자의 도는 어두운 것 같지만 날로 빛이 나고, 소인의 도는 분명해 보이나 날로 사라진다. 군자의 도는 담담하지만 싫증나지 않고 간략해 보이지만 멋지고 따뜻하면서 순조로우니, 먼 곳이 가까운 데서 시작됨을 알고, 바람의 근원을 알며, 은미한 것이 나타나게 된다는 것을 안다면 함께 덕의 세계로 들어갈 수 있을 것이다.

『중용中庸』제33장 中

물질의 풍요 속에 우리는 외적 조건에 자꾸 눈을 돌리게 된다. 외양 치장에 힘을 쏟고 번지르르한 겉모습이 '본질'이라 착각하며 잘못된 평가를 하게 된다. 미워함이나 사랑함이 늘 지나쳐 감정의 그릇을 넘쳐버릴 정도로 치우치게 살아가며 또 다른 인연의 끈을 만들어 가는 것이다. 결국 스스로가 만든 감정 과잉으로 인하여 어지럽고 복잡한 생활을 하게 된다. 피로한 감정들 속에서 힐링과 위안이라는 도피를 찾지만 이 또한 제대로 된 처방이 아니다.

정작 우리들에게 필요한 것은 유행처럼 번지는 힐링이나 위로가 아니다. 내 마음에서 혹은 상황에서 스스로 한 걸음 물러서 '여백'을 만드는 능력일 것이다. 마음을 어지럽히는 관계나 상황에서 한 걸음 물러났을 때 비로소 복잡하게 얽혀 있는 것처럼 보였던 것들의 본질을 볼 수 있기 때문이다. 그런 후에야 진정한 위로와 치료가 가능하지 않을까?

물질에 매몰되지 않고 근원을 생각하는 '여백'을 일상 속에서 실천해 나아갈 때에 비로소 내게 주어진 이번 생을 바르게 걸어갈 수 있지 않을까 한다.

저자 _ 아천 성민

중앙승가대학교 문학사
고려대학교 정치학석사
인하대학교 언론정보학 박사수료
현) 재단법인 아천문화교류재단 이사장
현) 국제평화지도자연합 이사장
현) 세명대학교 초빙교수

한때, 자발적 의지로 삶의 항로를 바꿨다고 생각했었다.
이제와 돌이켜보니, 운명이었다.
강원도에서 출가하여 러시아까지 운수雲水하다가
이역異域의 인연으로 각국의 문화교류 활동에 참여하고 있다.
지금은 태국 칸차나브리에 공동체를 만들고자 준비 중이며,
수행정진을 멈추지 않고 있다.

중용을 펼쳐 수행을 읽다

초판 1쇄 인쇄 2019년 10월 22일 | **초판 1쇄 발행** 2019년 10월 29일
지은이 아천 성민 | **펴낸이** 김시열
펴낸곳 도서출판 운주사

(02832) 서울시 성북구 동소문로 67-1 성심빌딩 3층

전화 (02) 926-8361 | 팩스 0505-115-8361

ISBN 978-89-5746-582-0 03220   값 15,000원

http://cafe.daum.net/unjubooks 〈다음카페: 도서출판 운주사〉